CB044923

Editor: André Boccato
Projeto Gráfico: Casa do Design - Camilla Frisoni Sola e Luiz Flavio Giannotti
Direção de Arte: Casa do Design **Designer:** Ed Edison
Direção de Fotografia: Camilla Frisoni Sola
Coordenação Editorial: Rita Pereira de Souza
Capa: Imagem da Obra do Artista Plástico Dimas Bontempo
Receitas: Morena Leite
Revisão: Myriam Kalil
Fotografias: Boccato Estúdio Fotográfico - Emiliano Boccato / Paulo Bau - pág. 48
Fotografias Sambaphoto: Ed Viggiani - pág. 18 / Angelo Pastorello - pág. 19 / André Rolim - pág. 66 / Iatã Cannabrava - pág. 111 / Ana Cê - pág. 131 / Marcelo Reis - págs. 138 e 139 / Helô Passos - págs. 160 e 161 / Claudia Jaguaribe - págs. 49, 67, 110 e 130
Tratamento de Imagem: Leandro Fonseca e Carlos Pedretti
Produção: Karen Sakai e Airton G. Pacheco
Peças e Objetos: Stella Ferraz Cerâmica e Ritz Festa
Equipe Capim Santo: Morena Leite
Daniela Venturi, Jandes Morais, Eduardo dos Santos, Neide Motta, Joaquim Portela, Zeca dos Santos, Antonio Dias, Rose Cruz, Sonia Ferreira, Vera Bittencourt, Junior de Oliveira, Aurinete Morais - "Alvinha", Elinton Aparecido, Genivaldo da Silva, Ivonete Bittencurt, Ricardo Neves e Erlon Miranda.
Editora Boccato
Coordenação Administrativa: Maria Aparecida C. Ramos
Direção de Arte: Eduardo Schultz
Assistente Administrativo: Cenair Streck
Marketing: Marcel Mariano Grego dos Santos
Editora Gaia
Diretor Editorial: Jefferson L. Alves
Diretor de Marketing: Richard A. Alves
Gravação do CD: Produzido por Maurício Tagliari / Exceto a faixa "Menino das Laranjas", produzido por André Magalhães / A & R: Maurício Tagliari / Direção Técnica: Carlos "Cacá" Lima / Label Manager: Chico Urbanus / Gravado por Gustavo Lenza no YB Studios (São Paulo), exceto a faixa "Menino das Laranjas" gravado no Estúdio Zabumba (São Paulo) / Mixado e masterizado por Carlos "Cacá" Lima no YB Studios
Impressão: Geográfica Editora

Editora Boccato
Rua dos Italianos, 845 - Bom Retiro
01131-000 - São Paulo - SP - Brasil
(11) 3846-5141
editora@boccato.com.br

Editora Gaia Ltda.
(pertence ao grupo Global Editora e Distribuidora Ltda.)
Rua Pirapitingüi, 111-A - Liberdade
01508-020 - São Paulo - SP - Brasil
(11) 3277-7999
www.globaleditora.com.br - gaia@editoragaia.com.br
Nº de Catálogo: 2807

Dados Internacionais de Catalogação na Publicação (CIP)
(Câmara Brasileira do Livro, SP, Brasil)

Leite, Morena
  Brasil, ritmos e receitas / Morena Leite. --
2. ed. -- São Paulo : Gaia : Editora Boccato, 2006.

  Vários colaboradores.
  Inclui CD/
  ISBN 978-85-7555-10-97

  1. Culinária 2. Culinária brasileira 3. Receitas
I. Título.

06-4668   CDD-641.5981

Índices para catálogo sistemático:
  1. Brasil : Culinária : Economia doméstica
  641.5981

© Copyright Editora Boccato – As receitas aqui apresentadas são de propriedade de Morena Leite e Editora Boccato, não podem ser reproduzidas (sob qualquer forma impressa ou digital) sem ordem expressa dos detentores das mesmas. Todas as receitas foram testadas, porém sua execução é uma interpretação pessoal. As imagens fotográficas das receitas são ilustrações artísticas, não reproduzindo necessariamente as proporções das mesmas. Assim, a Editora Boccato e a autora não se responsabilizam por eventuais diferenças na execução.

Brasil, Ritmos e Receitas

Morena Leite

"BEST INNOVATIVE FOOD BOOK IN THE WORLD"
GOURMAND WORLD COOKBOOK AWARDS

Gourmand World Cookbook Awards é uma premiação internacional de grande prestígio, e muito concorrida, do setor de publicações de gastronomia, criada em 1995 por Edouard Cointreau, cujo objetivo, entre outros, é destacar aqueles que melhor "cozinham com as palavras".

Desde sua criação, a cada ano cresce o número de participantes de vários países e aumenta a qualidade das publicações: em 2005, inscreveram-se aproximadamente 6 mil livros, representantes de 65 países.

Em meio a tantos concorrentes, o livro *Brasil, Ritmos e Receitas*, na versão em francês, *Brésil, Sons et Savours*, editado para as comemorações do Ano do Brasil na França – 2005, foi considerado o melhor do mundo na categoria inovação. É motivo de satisfação e orgulho para nós, editores, e para o Brasil, o prêmio que agora compartilhamos em sua edição em português.

Editora Boccato

Editora Gaia

Brasil
Ritmos e Receitas
Morena Leite

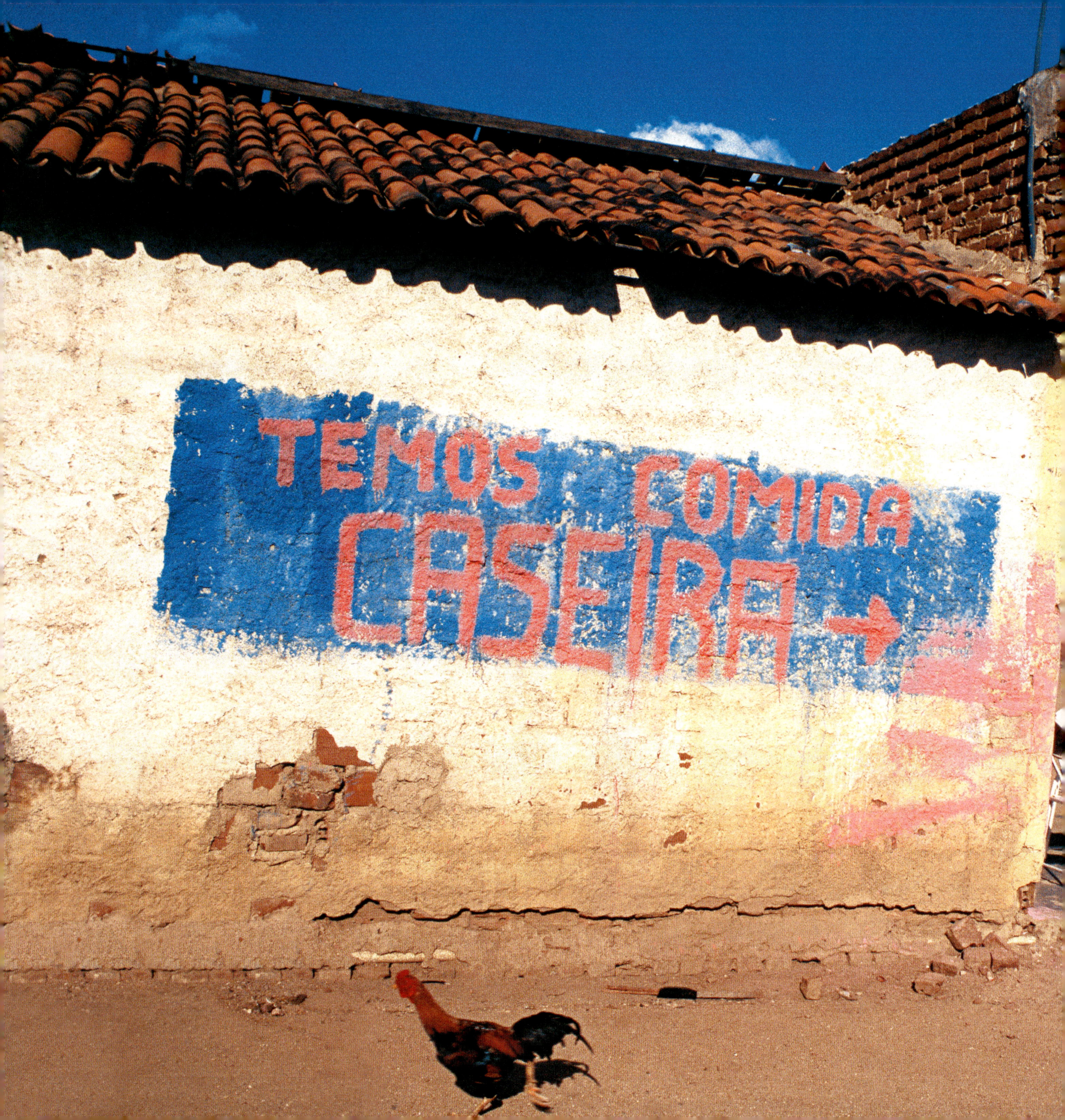
TEMOS COMIDA
CASEIRA →

cardápio brasileiro

festa .... p. 20

entradas e saladas .... p. 52

pratos .... p. 68

sobremesas .... p. 114

história .... p. 134

glossário .... p. 139

músicas .... p. 142

À minha mãe e ao meu pai... a quem devo a minha vida e com quem aprendi a lutar pelos meus sonhos e pelas minhas crenças. Com todo meu carinho, amor e respeito.

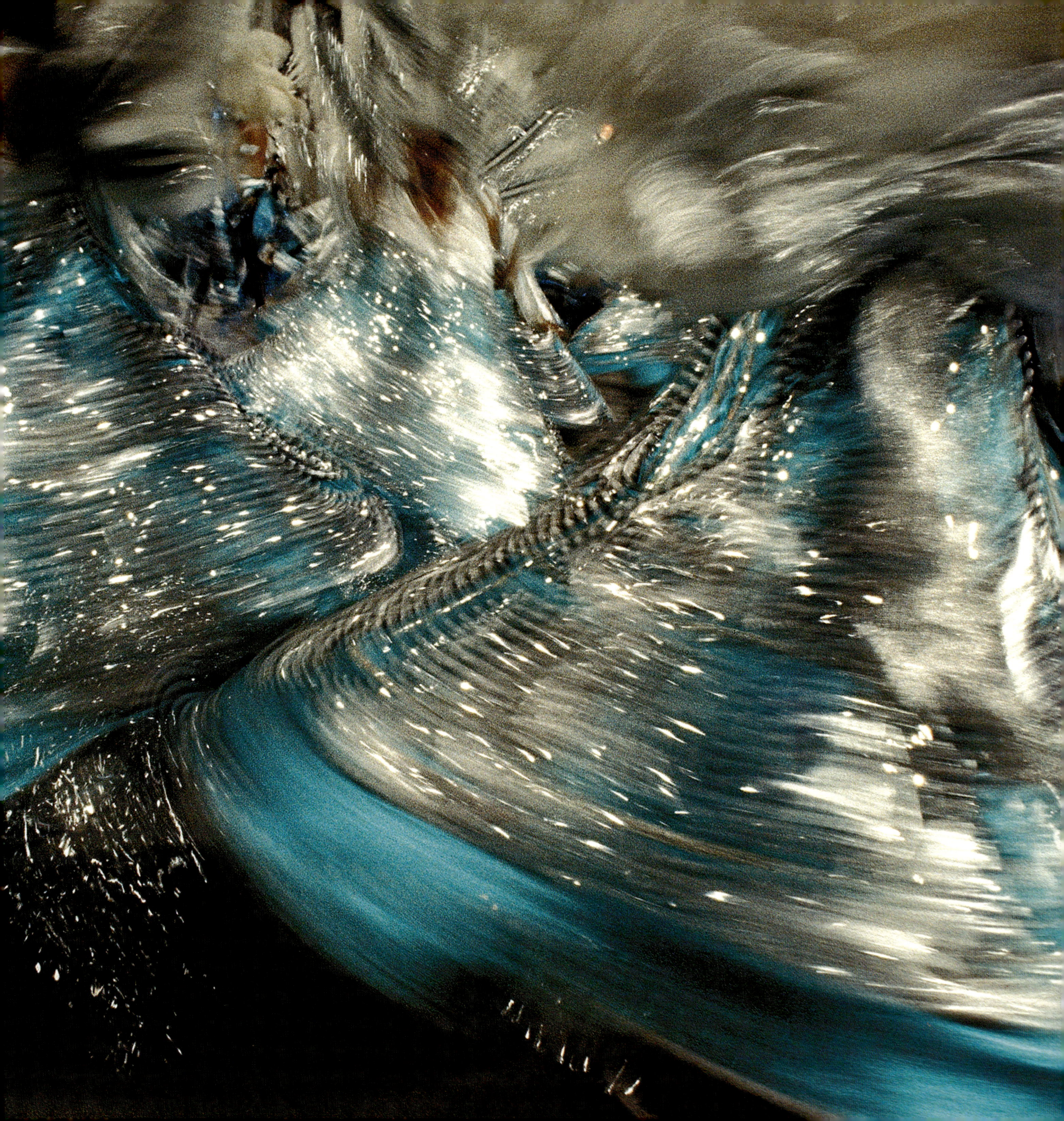

Trancoso, esquina do mundo. A redescoberta

A terra dos índios, depois de virar terra dos portugueses e conhecer os africanos, foi batizada de Aldeia de São João Batista por padres jesuítas, expulsos pela Coroa Portuguesa, que ordenou a fundação da Vila de Trancoso.

A vila foi construída numa planície de outeiro com vista das falésias, das praias de areia fina com coqueirais e do mar escuro e calmo. Tinha a forma de um retângulo, o histórico Quadrado, com 25 casas de adobe de cada lado, um pelourinho e igreja na ponta. É assim até hoje. Mas, de lá para cá, alguns perdidos e vários biribandos passaram por ali. Biribando, na gíria, é quem vem de outro lugar do mundo – e muitos que chegaram ficaram para fermentar a mistura de tipos, fé, línguas e manias, tornando a energia de Trancoso tão forte quanto seu povo carismático. Curioso é que, mesmo com essa movimentação, a vila parece ter sido descoberta pelos portugueses em 1500 e redescoberta no fim dos anos 1970, quando chegou uma safra de jovens intelectuais idealistas. Saíram de metrópoles em busca de simplicidade e paz e descobriram o vilarejo, ainda com chão de terra batida e sem luz, água, rádio ou comércio. Viviam da cozinha naturalista e foram contemporanizando a terrinha, que hoje é um *hot spot* brasileiro.

A *ambiance* de Trancoso é um *crossover* da St. Tropez dos anos 1950, quando virou reduto de intelectuais parisienses e ricos americanos, com a Ibiza hippie dos anos 1970. Tem belas casas, campos de golfe, hippies das antigas fazendo festas com modernos da música eletrônica, gente da moda e gente internacional, que continua, como nos primórdios, se encontrando no Quadrado para ver o céu de estrelas. Na extremidade do Quadrado nasceu o Capim Santo, uma pousada e resto onde Sandra Marques faz uma fusão dos sabores de Trancoso e do mundo. Mas a grande figura dessa cozinha é uma filha da terra: a *chef* Morena Leite, filha de Sandra, que em suas andanças pela França aprendeu como dar nova forma à gastronomia brasileira. Morena fez 25 anos. Vive em São Paulo. Ama forró. Forró é um ritmo nordestino alucinante, tocado com sanfona, pandeiro, triângulo e agogô. Se dança agarradinho. Trancoso é lugar único onde nativos, hippies e todos de todas as épocas ainda se misturam. É lugar *for all*, como o forró, que todos dessa tribo moderna dançam juntos. Mariana Aydar dança no forró de lá. Canta também. Mariana vive em Paris. Mariana e Morena são amigas do Quadrado – e estão unindo seus universos, de música e gastronomia, nesse livro.

CHRIS MELLO

Colunista do jornal O Estado de S. Paulo *e da revista* Vogue

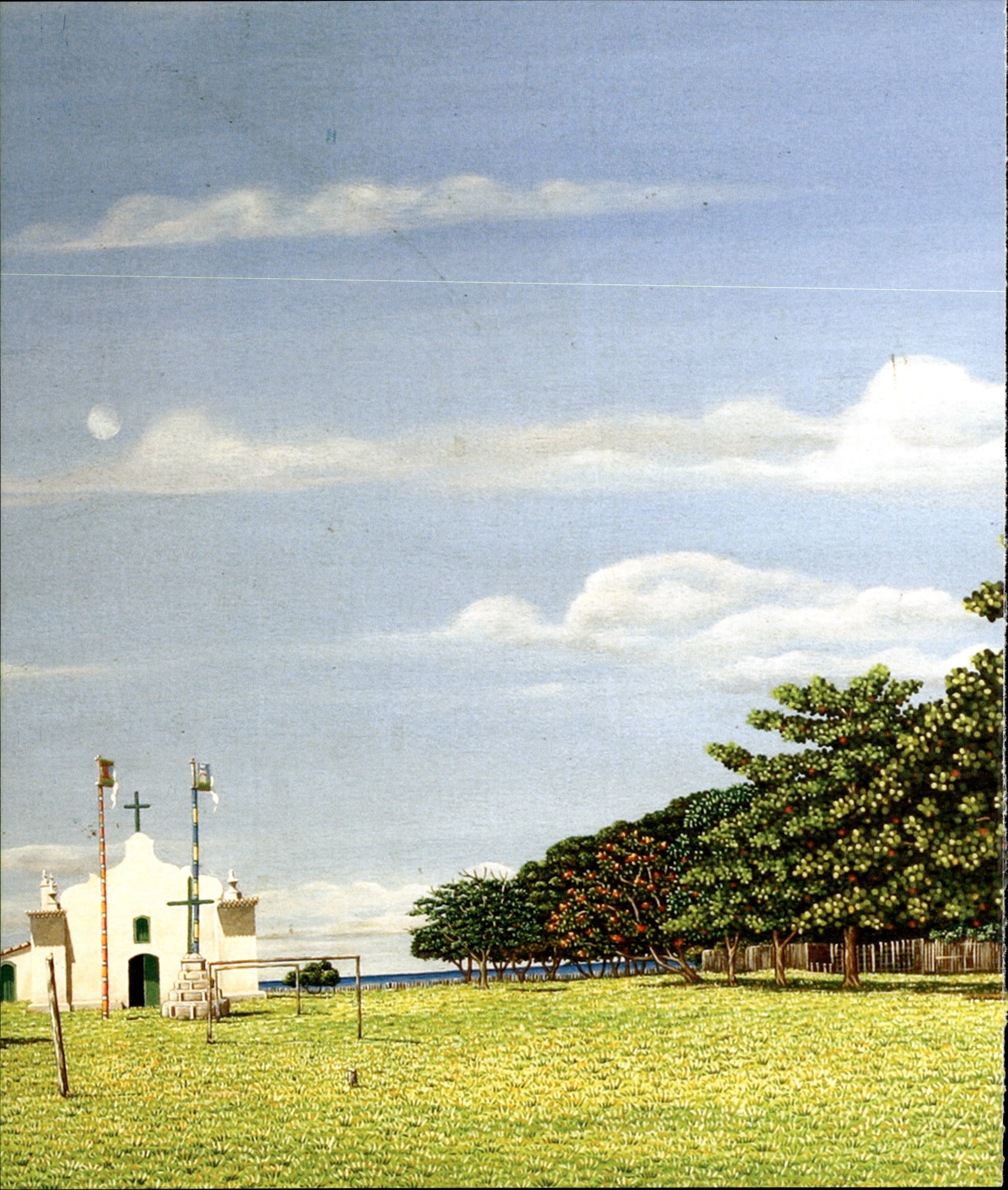

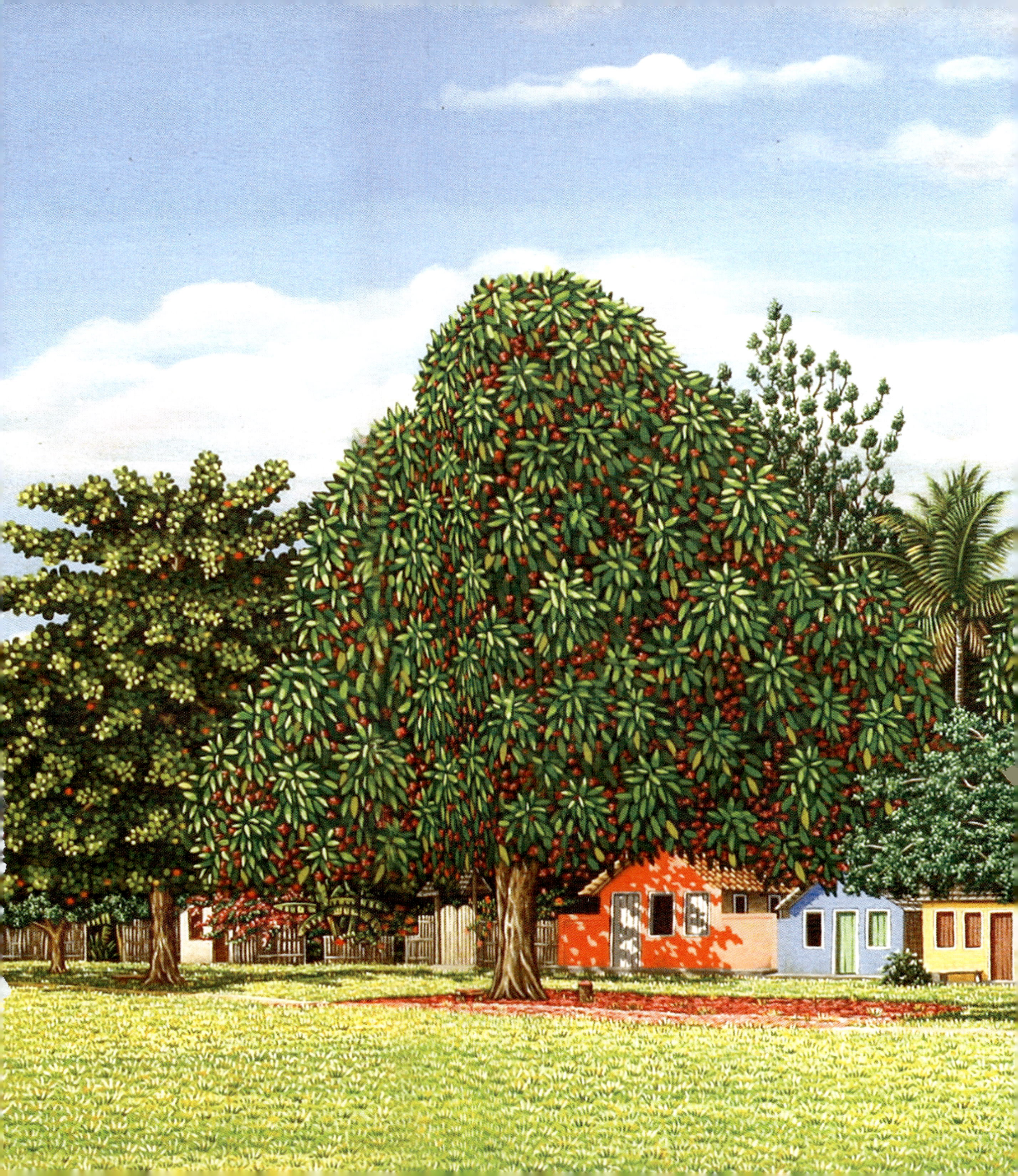

adentro, deixando a costa para trás, começaram a comer também mais carne, principalmente de caça. No final do século XIX, com o fim da escravidão, o caldo engrossou. Europeus e árabes vieram suprir a falta de mão-de-obra nas fazendas, que a essa altura produziam mais café do que cana. Chegaram trazendo com eles forte memória culinária, e até mudas de plantas do velho continente que pudessem dar fruto na nova terra. Um pouco mais tarde chegaram os japoneses, de quem pegamos o gosto pelo saquê e pelo sushi.

Essa gente toda se espalhou Brasil afora (italianos e alemães preferiram os ares mais frios do Sul), mas muitos ficaram mesmo em São Paulo, grande caldeirão de raças. E assim começaram a pipocar cantinas e choperias e casas de quibes e esfihas, mudando a paisagem das cidades, e crescendo com elas durante todo o século XX. O brasileiro abraçou as novidades – espaguete, polpetone, pizza, tabule – e tomou-as para si, adaptando as receitas do Velho Mundo aos ingredientes que havia do lado de cá do Atlântico. Já podíamos nos gabar de nossas capitais cosmopolitas repletas de churrascarias, restaurantes japoneses, franceses, árabes, alemães e italianos...

Mais recentemente, vimos o redescobrimento do Brasil. A carne-seca, a mandioquinha, a jabuticaba, a cachaça, relegadas a segundo plano enquanto durou o encanto por tudo que era estrangeiro, voltaram à moda. Constatou-se o óbvio: nossos pratos nativos não ficavam nada a dever a toda aquela comida vinda de fora. Chefs de renome, como a brasileirinha Morena Leite, puseram os frutos da terra de volta onde sempre mereceram estar – nas melhores mesas –, priorizando ingredientes esquecidos, como o quiabo, a alfavaca, a goiaba, a tapioca. Assim, quinhentos anos mais tarde, voltamos às nossas origens.

Alexandra Forbes
Jornalista e crítica de gastronomia; autora dos livros:
Isabella Suplicy: arte em açúcar e Jantares de mesa e cama

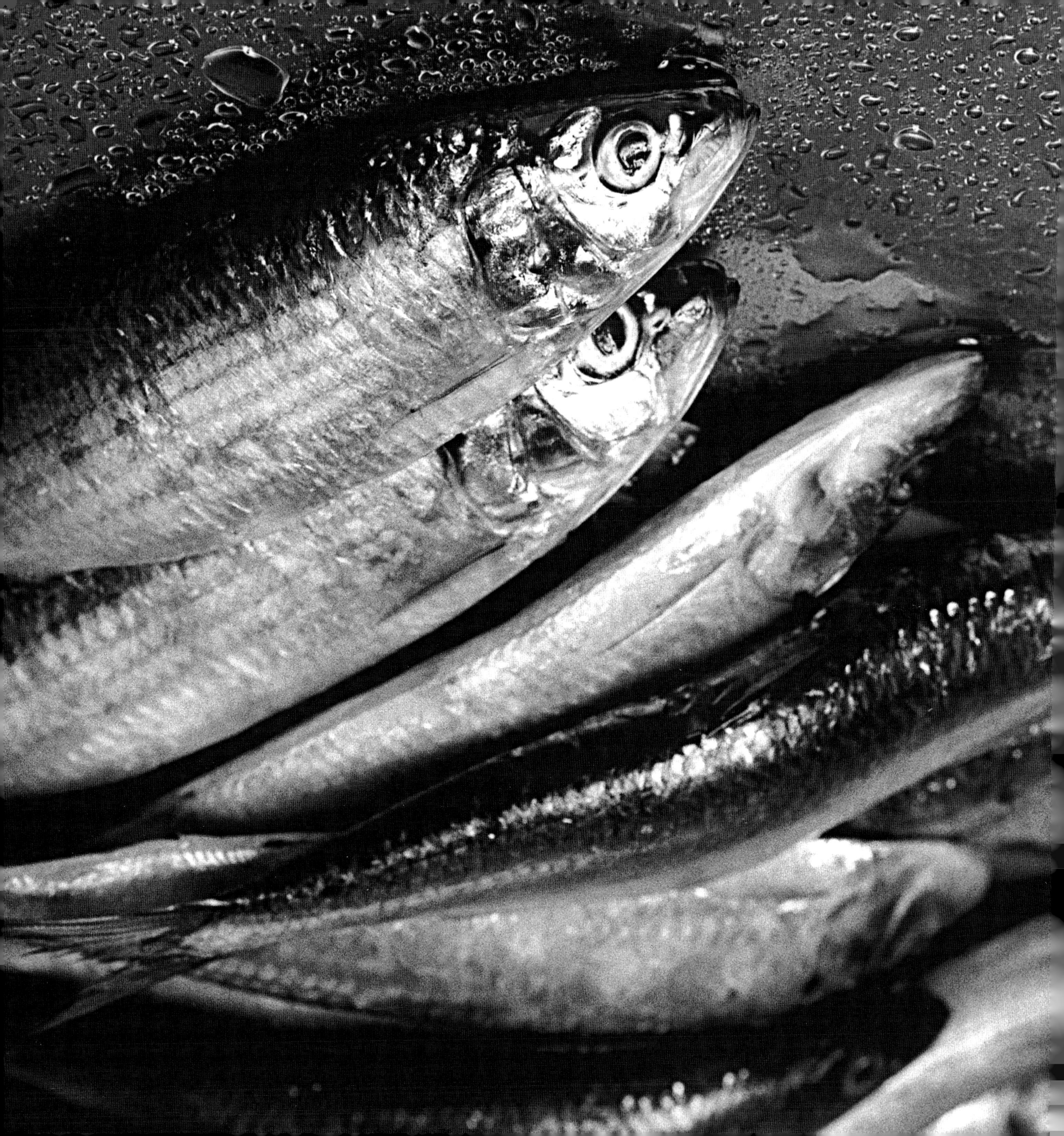

Três povos, uma só cozinha

Em 1500 os primeiros portugueses lançaram âncora no sul da Bahia e descobriram, maravilhados, uma terra rica, tropical e habitada por índios, onde se puseram a cultivar cana-de-açúcar. Como os índios não se prestavam ao trabalho da lavoura, os colonos mandaram vir escravos negros da África. Não demorou muito para que aquela gente começasse a namorar sob lençóis. Assim nasceram os primeiros mestiços. O que é a nossa comida senão resultado dessa mesma mistura de raças? As primeiras portuguesas trouxeram o gosto pelo azeite de oliva, o arroz e os tabuleiros de doces, bolos e manjares, e com o tempo foram incorporando nas receitas os frutos da terra de adoção: coco, milho e castanha-de-caju... Sem a escrava negra não teríamos a feijoada, o caruru e tantos pratos perfumados com o azeite de dendê, de palmeira importada da África. E as índias, elas sim as primeiras cozinheiras desse Brasil, ensinaram às outras a pegar peixe de rio, a bater farinha de mandioca no pilão, a tirar da mata ervas, frutas, pimentas e sementes.

A mandioca sempre foi a grande mãe. Dava sustento às aldeias caetés, tabajaras ou potiguares, seja engrossando o cozido, salpicada seca por cima do peixe assado, ou aquecida num tacho de barro até virar beiju. Do caldo escoado da raiz ralada no norte tirava-se o tucupi. As portuguesas aprenderam logo e passaram, elas também, a comer farinha com quase tudo: com o melado de cana, tão farto nos engenhos de açúcar, com carne seca ao sol, com feijão cozido.

À medida que o Brasil era desbravado mais para o Sul, surgiram novas lavouras, outros gostos. Em Minas Gerais e São Paulo tanto sinhôs quanto escravos comiam muito milho, em canjicas, pamonhas e angus, e, no que as gentes rumavam mata

Amor, técnica e intuição

Morena vive me dizendo que pessoas fechadas para novos sabores são fechadas para a vida. E que comemos não só com a boca, mas com o nariz e os olhos. Ela faz uma cozinha brasileira contemporânea cheia de cores, consistências e temperaturas; busca maneiras de resgatar e maximizar os perfumes e sabores do Brasil, por meio de técnicas usadas por diferentes povos. Morena é influenciada pela culinária francesa. Foi em Paris que aprendeu a técnica de sua cozinha, que desperta os sentidos.

Ela nasceu e cresceu entre as caçarolas da mãe Sandra Marques e as crianças de Trancoso. Lá, conviveu com pessoas do mundo todo que passaram pela vila – e lhe deram a certeza de que havia mais para experimentar, sentir e aprender. Foi para a Inglaterra estudar inglês. Queria ser jornalista. Ironicamente, acabou morando na casa de uma sofisticada senhora gourmet, que fazia grandes banquetes e freqüentava restos de grandes chefs. Sempre levava na bolsa um limão. Era um mimo para Morena, que pinga limão em todo tipo de comida.

Detalhes como esse fizeram-na enxergar que a comida poderia ser seu link para o mundo. Voltou para Trancoso e, aos 18 anos, desembarcou em Paris, para aprender gastronomia na tradicional Le Cordon Bleu, escola cujos pontos fortes são a técnica e o imperativo da disciplina e organização, exigindo alimentos em pesos exatos. O militarismo da escola fez Morena perceber o poder que sua mãe adquirira ao se deixar pautar não só por medidas, mas por grandes colheradas de intuição, pois é preciso saber apreciar sabores para cozinhar bem. Morena acrescentou sua intuição aos ensinamentos da cozinha e pâtisserie francesas, obtendo o Grand Diplôme. De volta ao Brasil, aos 19 anos, foi comandar, junto com sua mãe, a cozinha do novo Capim Santo, recém-aberto em São Paulo; criou receitas que foram ganhando fama, por seu perfume e suavidade, surpreendendo todos com a delícia das terrines feitas com ingredientes brasileiros. Ganhou a simpatia dos gourmets, da crítica. Virou notícia, professora de gastronomia e cozinheira respeitada. O Capim Santo foi incluído na lista dos melhores restaurantes. Passaram-se cinco anos e Morena sentiu que era hora de dividir os segredos, ritmos e sabores de sua cozinha com as tantas pessoas que passam pelo país e ficam com saudades. Por isso este livro tem uma trilha sonora com a boa música brasileira, cantada por Mariana Aydar.

Chris Mello

Colunista do jornal O Estado de S. Paulo *e da revista* Vogue

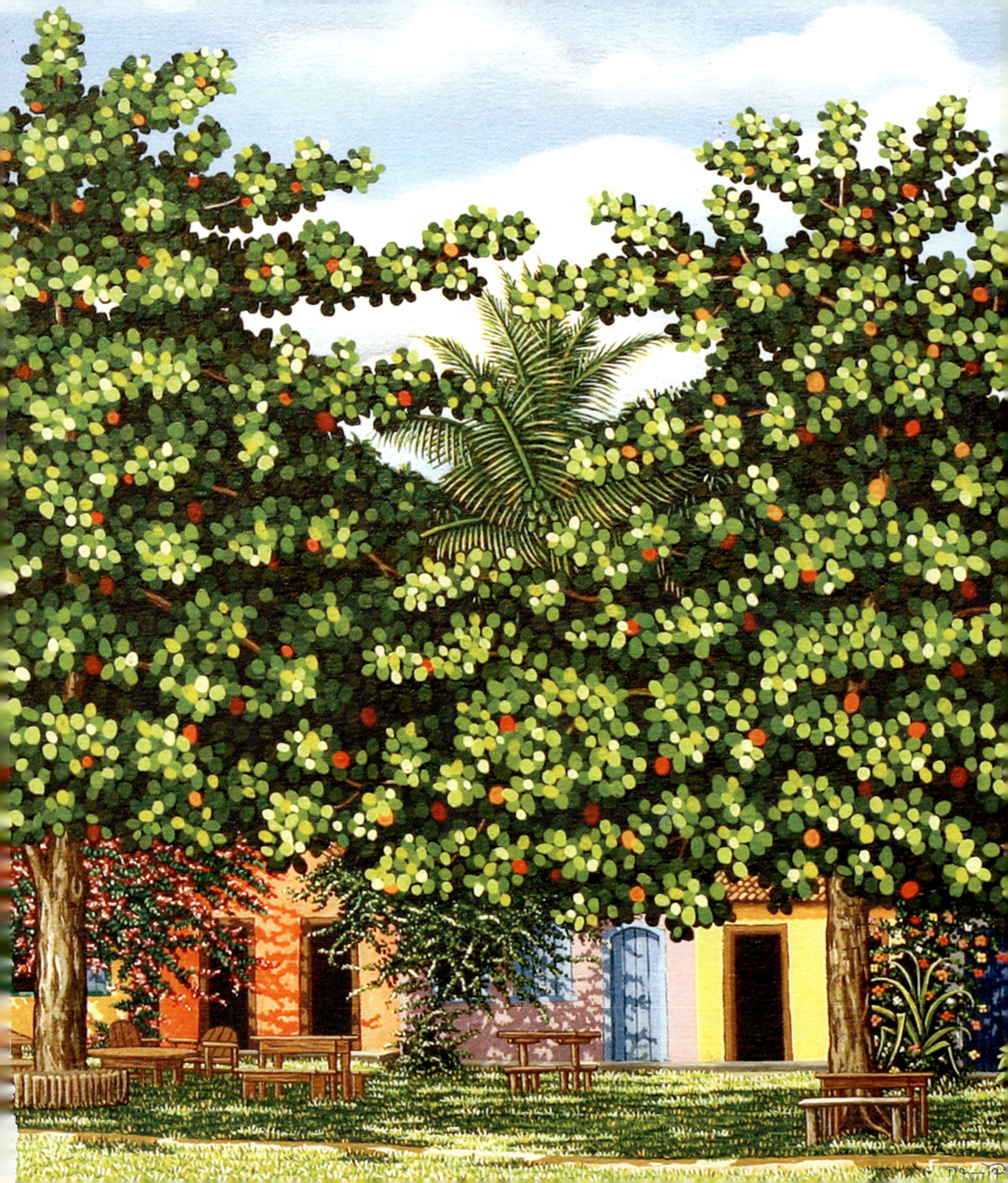

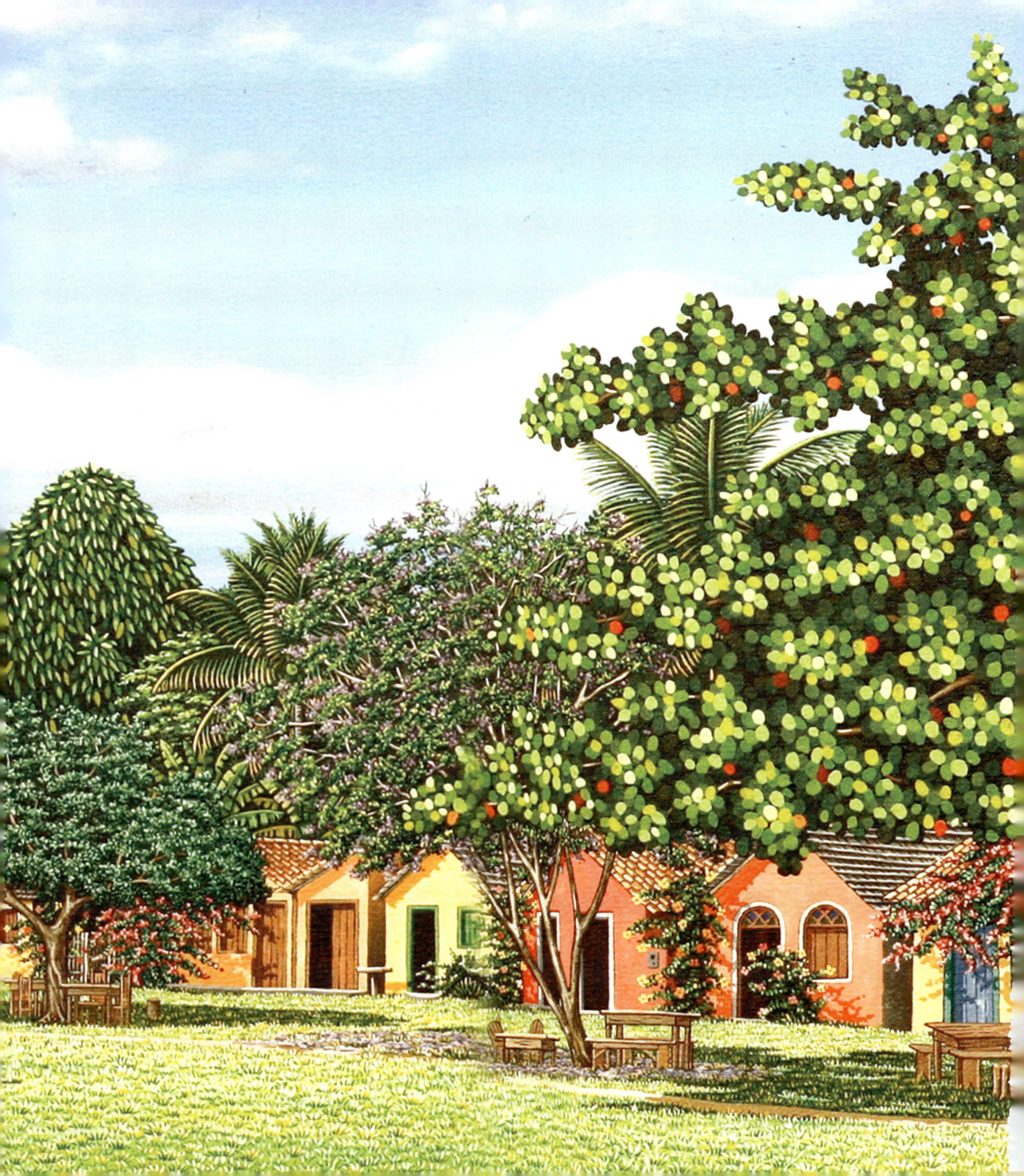

> Para mim, cozinhar é uma forma de expressar meu amor pelo próximo; dirijo a minha equipe, na cozinha, como pratico a minha religião, porque, para mim, esse espaço é um templo! Acredito que, cozinhando, transmitimos nossa energia aos alimentos, e é por isso que considero a cozinha um lugar sagrado, de união e de confraternização; um lugar onde se guardam e se transmitem a cultura, o saber e os sabores de um povo.
>
> Parece-me importante cozinhar empregando todos os nossos sentidos: a visão, matizando as cores; o olfato, combinando os aromas; o gosto, aliando os diferentes sabores; e a audição, ouvindo "os sons que sensibilizam e alegram nossas almas", os ritmos que fazem dançar nossos corações, liberando nossas criações, que vêm de nosso sexto sentido, de nossa intuição. Os alimentos nutrem nosso corpo e a música alimenta nossa alma.

MORENA LEITE

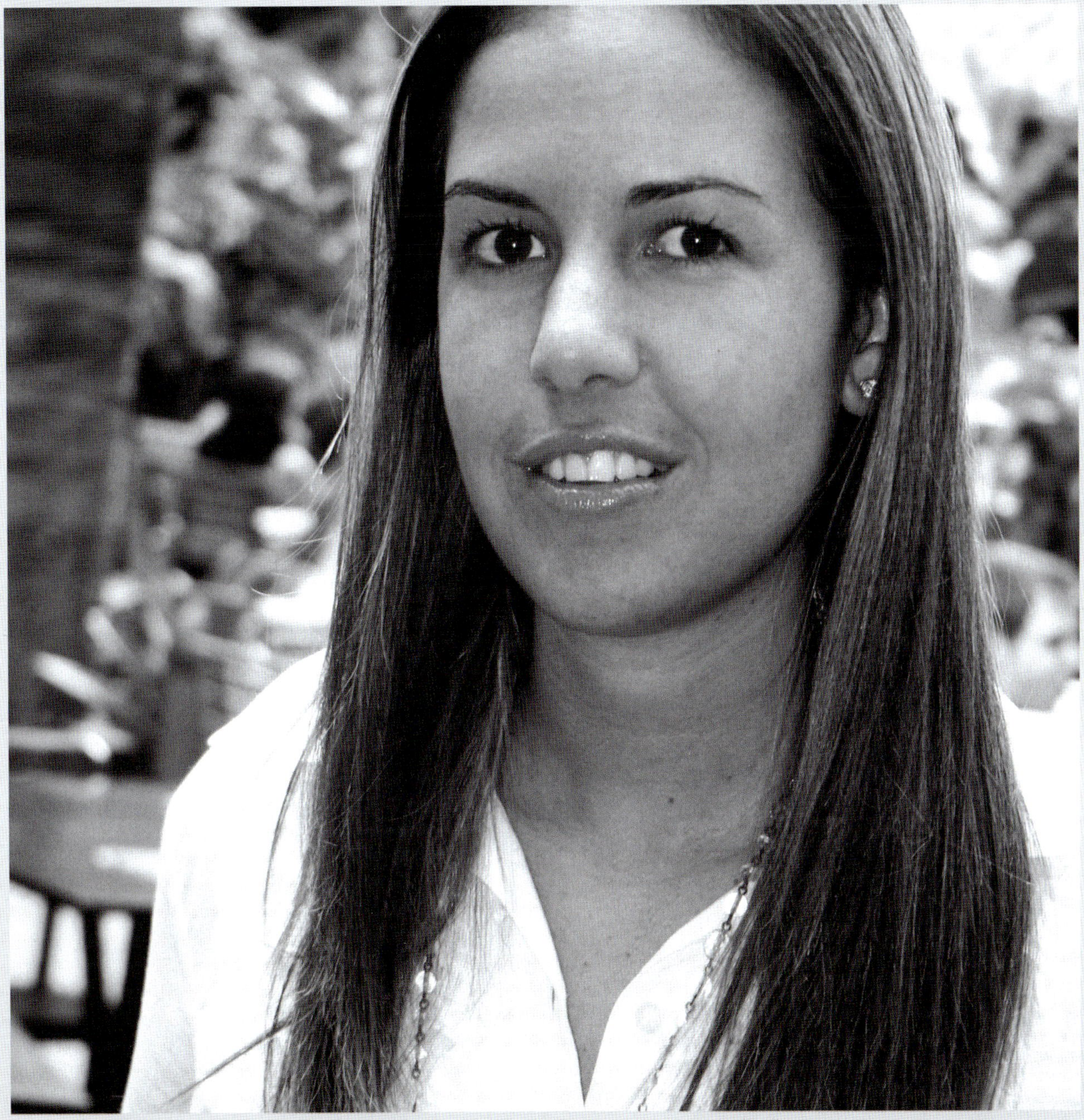

[...]
"O Tio Sam está querendo
conhecer a nossa batucada
Anda dizendo que o molho
da baiana melhorou seu prato
Vai entrar no cuscuz, acarajé e abará"

♪ Moraes Moreira, Brasil pandeiro

Rolinhos de banana-da-terra com filé-mignon : p.20

Charutinho de couve recheado com abóbora e carne-seca : p.22

Manjubinha recheada com farofa de camarão : p.24

Rosti de aipim com surubim defumado : p.26

Bolinhos de aipim com camarão : p.28

Casquinha de siri : p.30

Moedinha de abobóra com carne-seca : p.32

Pão de queijo : p.34

Sautée de camarão na raiz de capim-santo : p.36

Trio de brigadeiros na colher : p.38

Miniquindim : p.40

Queijadinha : p.42

Cocada : p.44

Caipirinha de limão e Caipirinha de capim-santo : p.46

Batida de coco e Refresco de capim-santo : p.47

FESTA

(19)

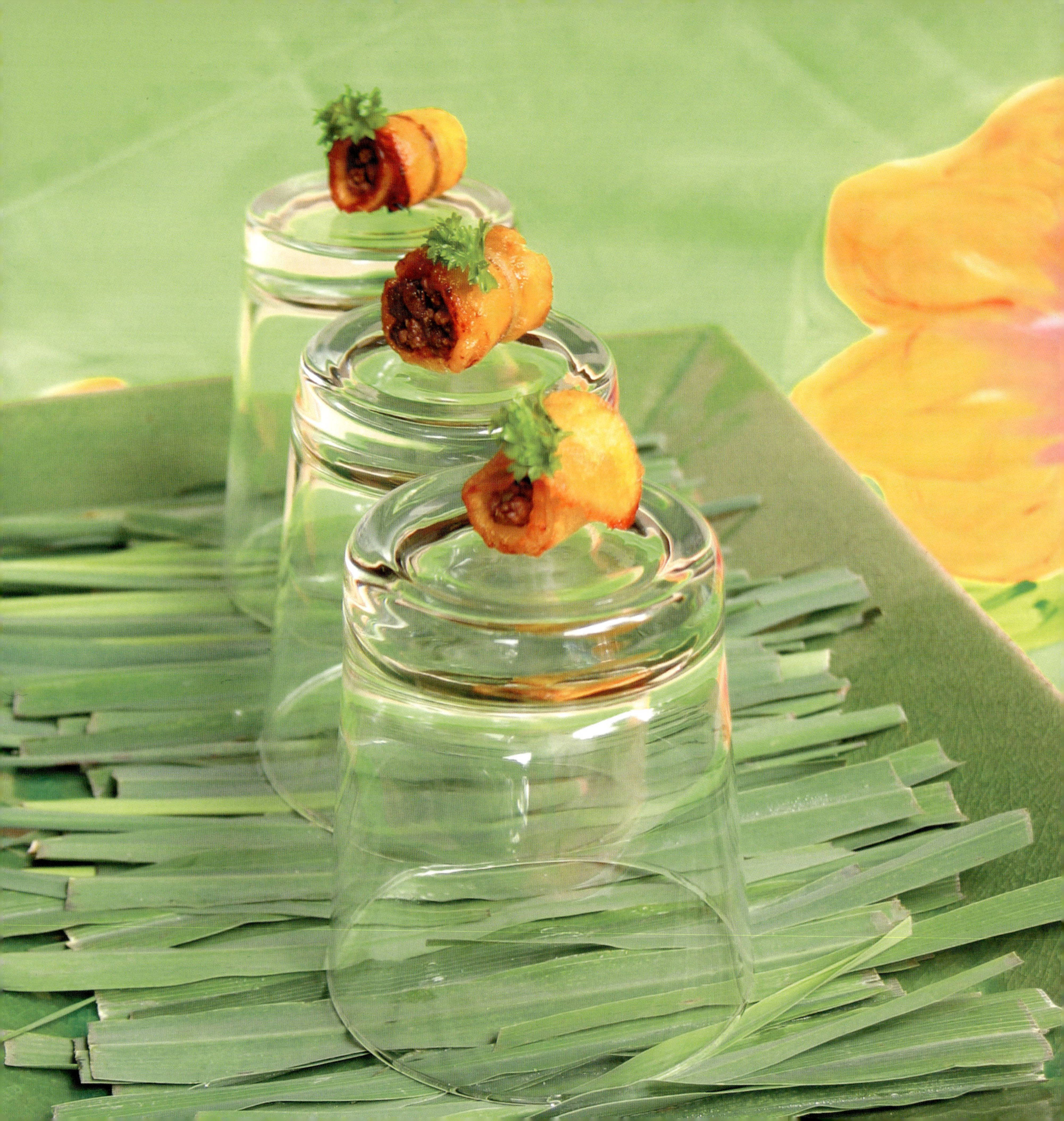

Rolinhos de banana-da-terra
com filé-mignon

1 l de azeite de oliva ou óleo de soja
18 bananas-da-terra bem maduras
30 g de manteiga
15 g de alho amassado
200 g de cebola
600 g de filé mignon cortado em cubos pequenos
200 ml de cerveja preta
sal e pimenta-do-reino a gosto
salsinha a gosto

♪ Modo de preparo: corte a banana-da-terra em fatias finas e frite-as no azeite. Reserve. Doure o alho na manteiga, acrescente a cebola e refogue, junte o filé mignon até secar todo o líquido. Regue com a cerveja e deixe reduzir. Tempere com sal e pimenta-do-reino; junte a salsinha.

♪ Finalização: disponha uma colher (café) de cubinhos de carne em cada fatia de banana e enrole. Esquente no forno quando servir.

♪ Rendimento: 100 porções

♪ Tempo de preparo: 2 horas

Charutinho de couve recheado
com abóbora e carne-seca

1 kg de carne-seca
30 folhas de couve
500 g de abóbora kabocha (abóbora japonesa)
100 ml de manteiga de garrafa
3 dentes de alho amassados
200 g de cebolas cortadas em rodelas
sal e pimenta-do-reino a gosto
salsinha picada a gosto

♪ Modo de preparo: coloque a carne-seca em uma vasilha com água, para dessalgá-la, trocando a água de hora em hora durante 4 horas. Cozinhe as folhas de couve inteiras em água, com um punhado de sal; passe-as pela água fria e reserve. Descasque a abóbora e corte-a em cubos pequenos. Refogue-os com a metade da manteiga e reserve. Assim que a carne estiver dessalgada, cozinhe-a por 30 minutos em panela de pressão. Deixe esfriar um pouco e desfie, retirando toda a gordura. Reserve. Doure o alho e refogue as cebolas em rodelas, com a outra metade da manteiga. Acrescente a carne-seca desfiada e salpique a salsinha. Em seguida, acrescente os cubos de abóbora, tempere com sal e pimenta-do-reino.

♪ Finalização: corte cada folha de couve em quatro e recheie-as com a mistura de abóbora e carne, enrolando-as como charutinhos.

♪ Rendimento: 100 porções

♪ Tempo de preparo: 6 horas

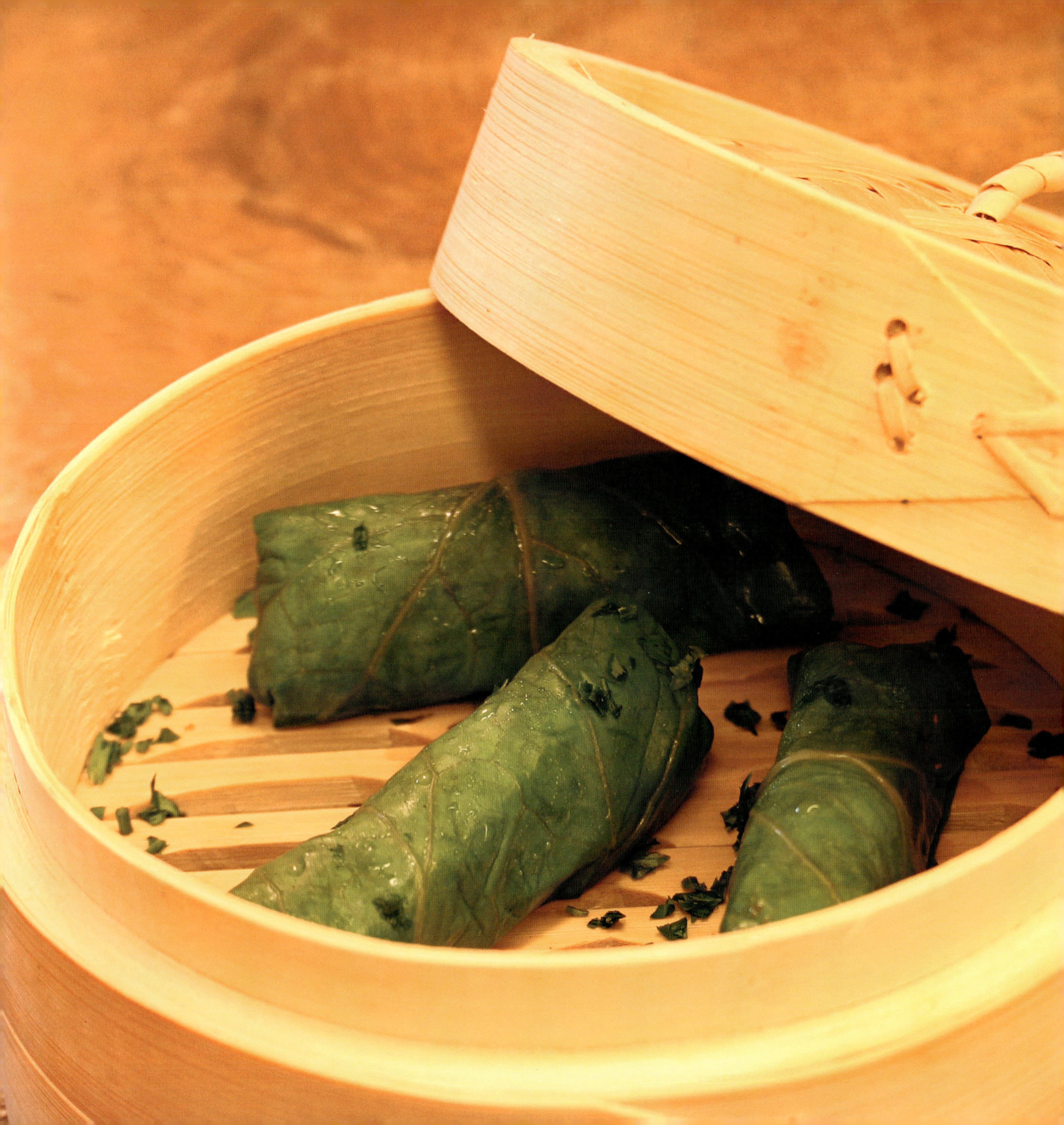

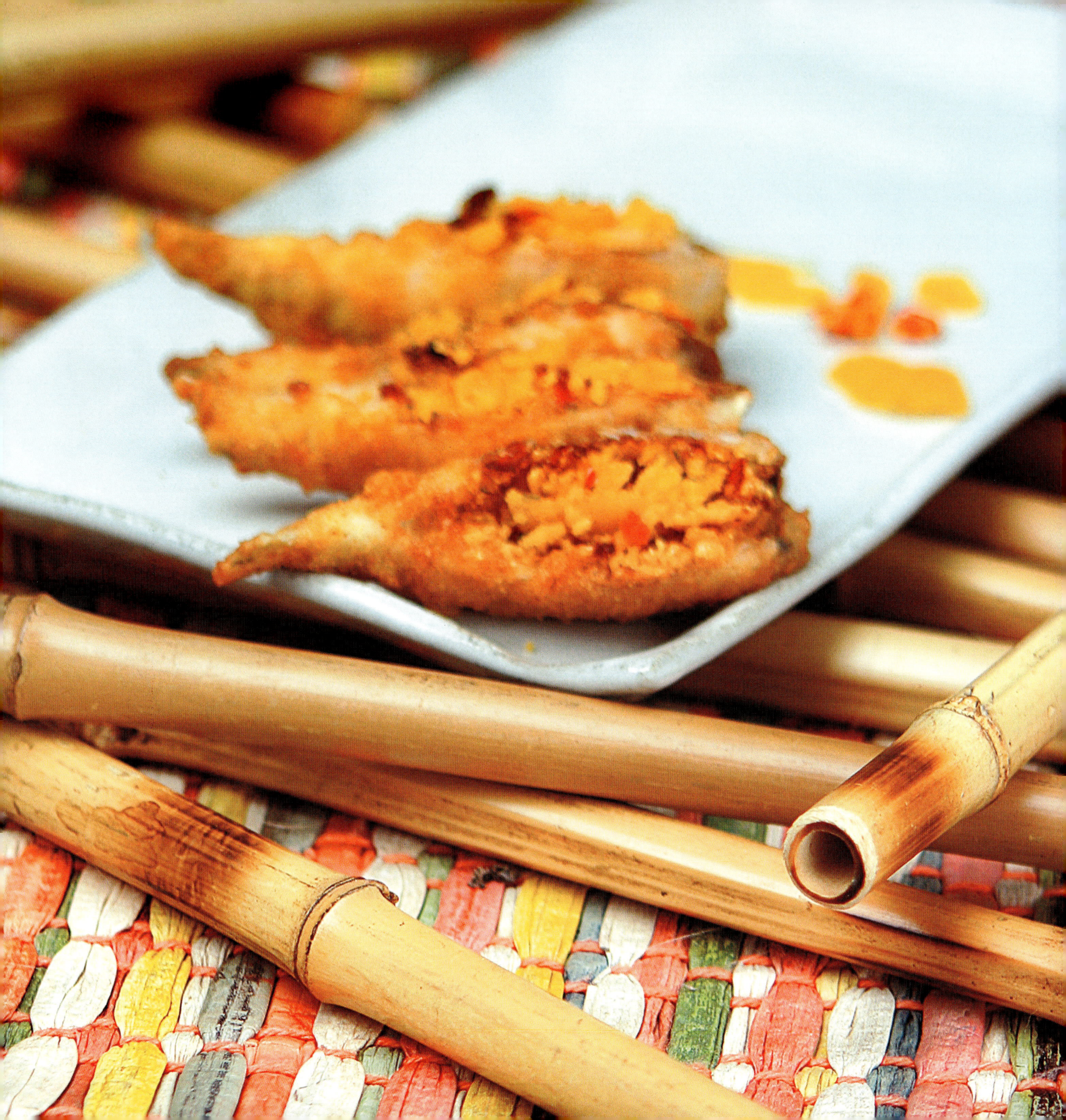

Manjubinha
recheada com farofa de camarão

4 kg de manjubinha
suco de 4 limões
sal e pimenta-do-reino a gosto
500 g de farinha de trigo para empanar
6 ovos para empanar
2 l de óleo para fritar

♪ Farofa de camarão: 100 ml de azeite de oliva / 5 g de alho amassado / 100 g de cebola picada / 1 kg de camarão pequeno, limpo / 50 ml de molho de tomate / 300 g de farinha de aipim / sal e pimenta-do-reino a gosto / salsinha picada a gosto

♪ Modo de preparo: limpe as manjubinhas, tirando a espinha central, pelas costas, e a cabeça. Tempere-as com limão, sal e pimenta-do-reino e reserve. Para fazer a farofa, refogue o alho e a cebola no azeite, coloque os camarões e cozinhe por alguns minutos. Acrescente o molho de tomate, a salsinha picada e, aos poucos, a farinha de aipim. Tempere a farofa com sal e pimenta-do-reino.

♪ Finalização: recheie os peixes com a farofa, passe-os na farinha, nos ovos batidos e novamente na farinha. Frite e sirva-os quentes.

♪ Rendimento: 100 porções

♪ Tempo de preparo: 3 horas

Rösti de aipim
com surubim defumado

3 kg de aipim (pré-cozidos al dente)
400 g de manteiga
sal, pimenta-do-reino e salsinha a gosto
1 kg de queijo meia-cura ralado
500 g de surubim defumado
1 l de leite
50 g de manteiga
20 g de alho
200 g de cebola
100 g de pimentão vermelho
100 g de pimentão amarelo
50 g de pimentão verde

♪ **Modo de preparo:** para fazer o *rösti*, rale o aipim e o queijo meia-cura no ralador grosso. Misture-os à manteiga. Tempere com sal e pimenta-do-reino. Em uma assadeira, faça uma camada fina com essa massa. Corte-a em círculos de cerca de 2 cm de diâmetro com um cortador de sua preferência. Leve os *rösti* ao forno médio por 15 minutos. Pique o surubim em cubinhos bem pequenos e coloque-os de molho no leite na geladeira por 4 horas para dessalgar.
Retire o leite, escorra e reserve o surubim. Reserve. Doure o alho na manteiga, acrescente e refogue a cebola e os pimentões. Junte então o surubim, tempere com pimenta-do-reino, e sal se necessário e salpique a salsinha.

♪ **Finalização:** na hora de servir, esquente os *rösti* e coloque o surubim refogado por cima de cada um.

♪ **Rendimento:** 100 porções

♪ **Tempo de preparo:** 6 horas

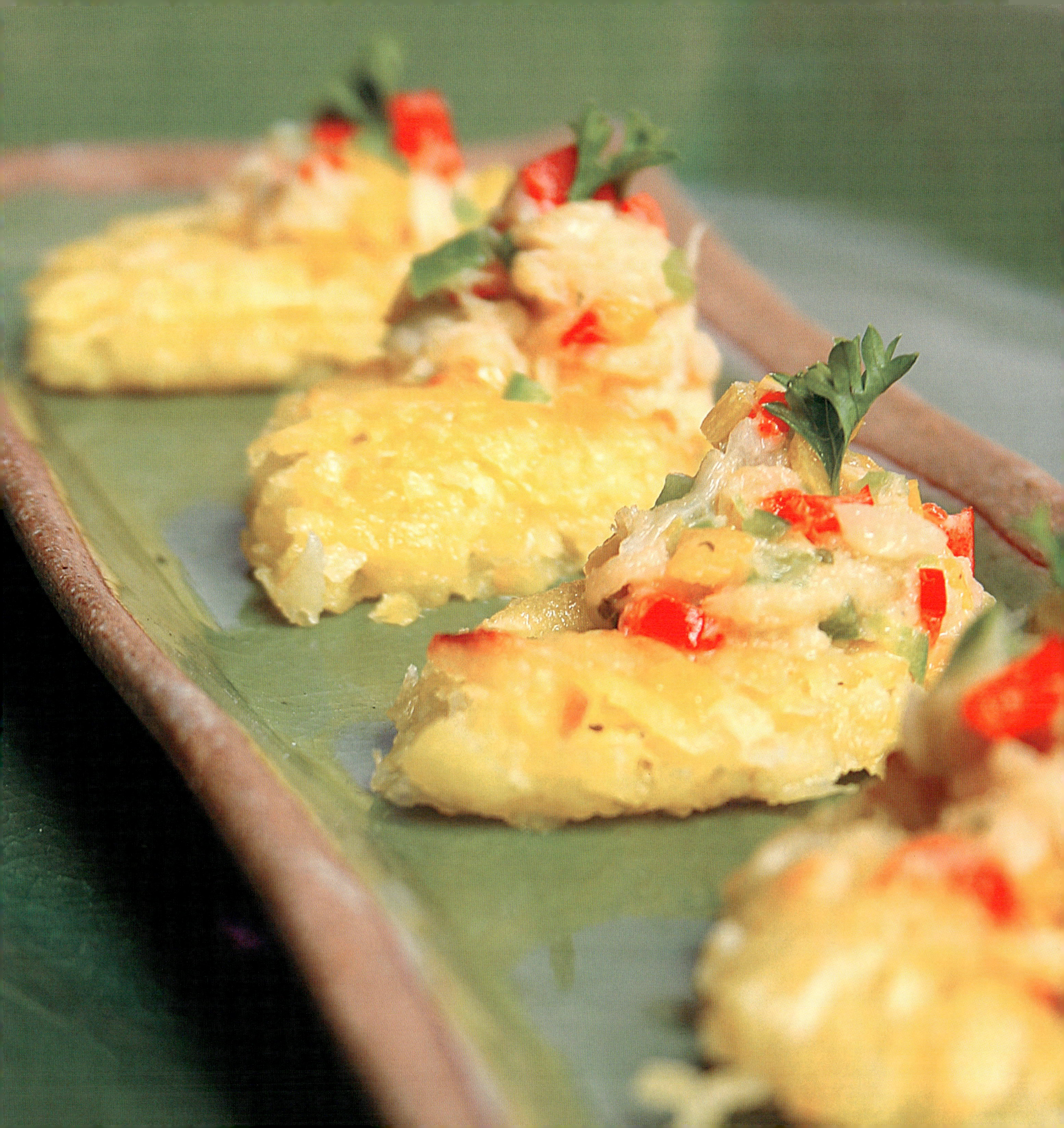

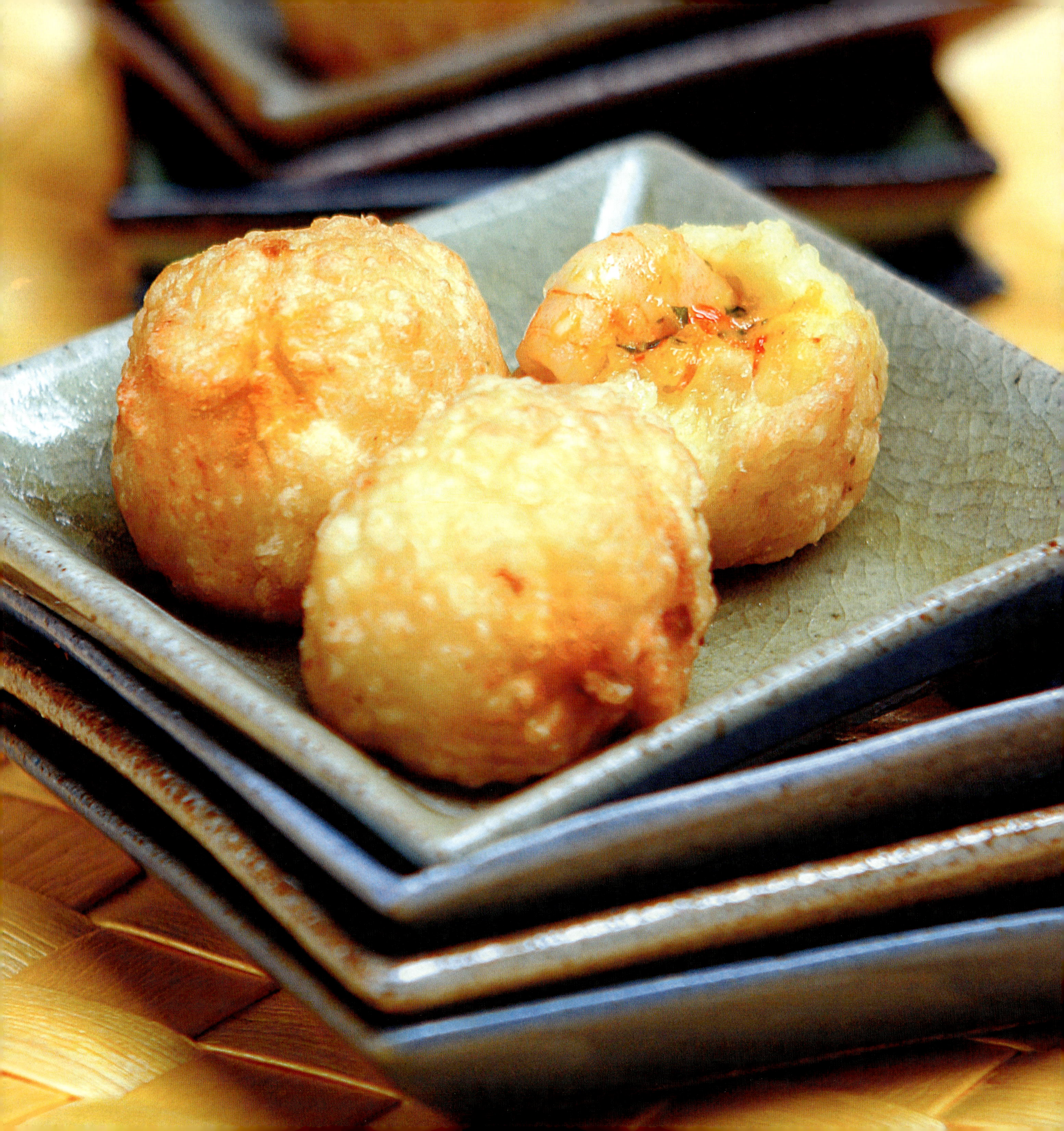

Bolinhos de aipim
com camarão

♪ Massa:
1 kg de aipim
1 ovo
300 g de farinha de trigo
50 g de manteiga
sal e pimenta-do-reino a gosto
1 pitada de noz-moscada
1 l de azeite para fritar

♪ Modo de preparo: cozinhe o aipim e passe-o em um espremedor. Misture o ovo, a manteiga e a farinha. Tempere com sal, pimenta-do-reino e noz-moscada. Amasse até a massa ficar homogênea.

♪ Recheio: 100 *ml* de azeite / 50 g de alho espremido / 100 g de cebola picada / 700 g de camarão pequeno, sem casca / 200 g de tomates pelados / 100 *ml* de molho de tomate / sal, pimenta-do-reino e salsinha a gosto

♪ Modo de preparo: doure o alho no azeite, junte a cebola picada e refogue por alguns minutos. Acrescente o camarão deixe cozinhar até o líquido dele secar. Junte o tomate pelado e o molho de tomate. Tempere com sal e pimenta-do-reino.

♪ Finalização: molde a massa em forma de bolinhos, com uma colher de chá, e preencha as cavidades com o recheio, fechando a massa. Frite os bolinhos no azeite bem quente e sirva imediatamente.

♪ Rendimento: 100 porções

♪ Tempo de preparo: 3 horas

Casquinha de siri

100 ml de azeite de dendê
4 dentes de alho
600 g de cebola
3 kg de carne de siri
suco de 3 limões
3 tomates em cubos
160 g de queijo parmesão ralado
sal e pimenta-do-reino a gosto
salsinha a gosto

♪ **Modo de preparo:** tempere a carne de siri com o suco de limão. Doure o alho no azeite de dendê, junte a cebola e refogue com a carne de siri por alguns minutos. Tempere com sal e pimenta-do-reino, ou, se preferir, com uma pimenta mais forte. Acrescente o tomate e o leite de coco, refogando um pouco mais para que o líquido evapore e o sabor do molho se incorpore à carne de siri. Acrescente a salsinha picada. Encha conchinhas com essa mistura e salpique parmesão ralado.

♪ **Finalização:** leve ao forno por alguns minutos para gratinar e sirva em seguida.

♪ **Rendimento:** 100 porções

♪ **Tempo de preparo:** 1 hora e 30 minutos

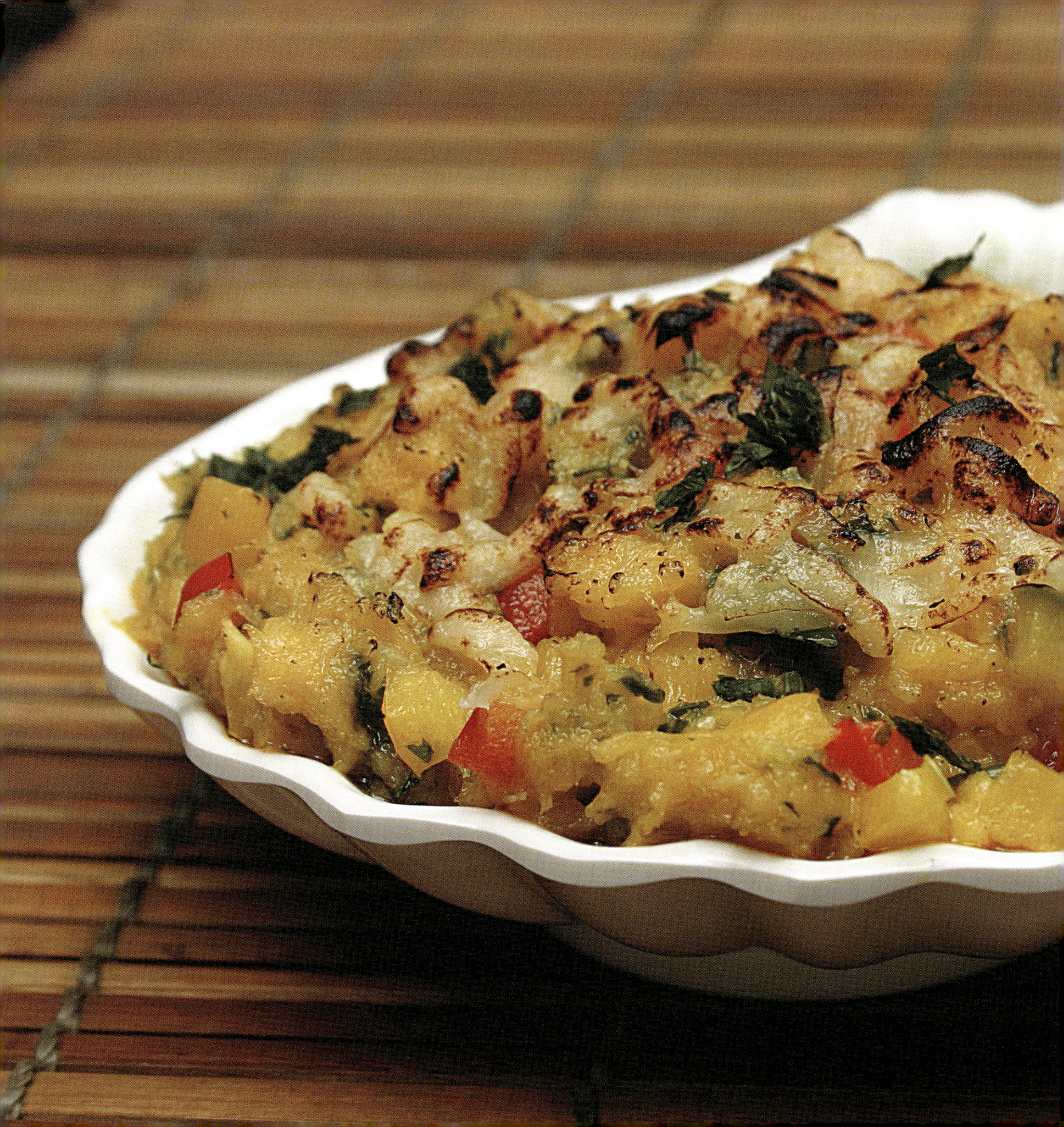

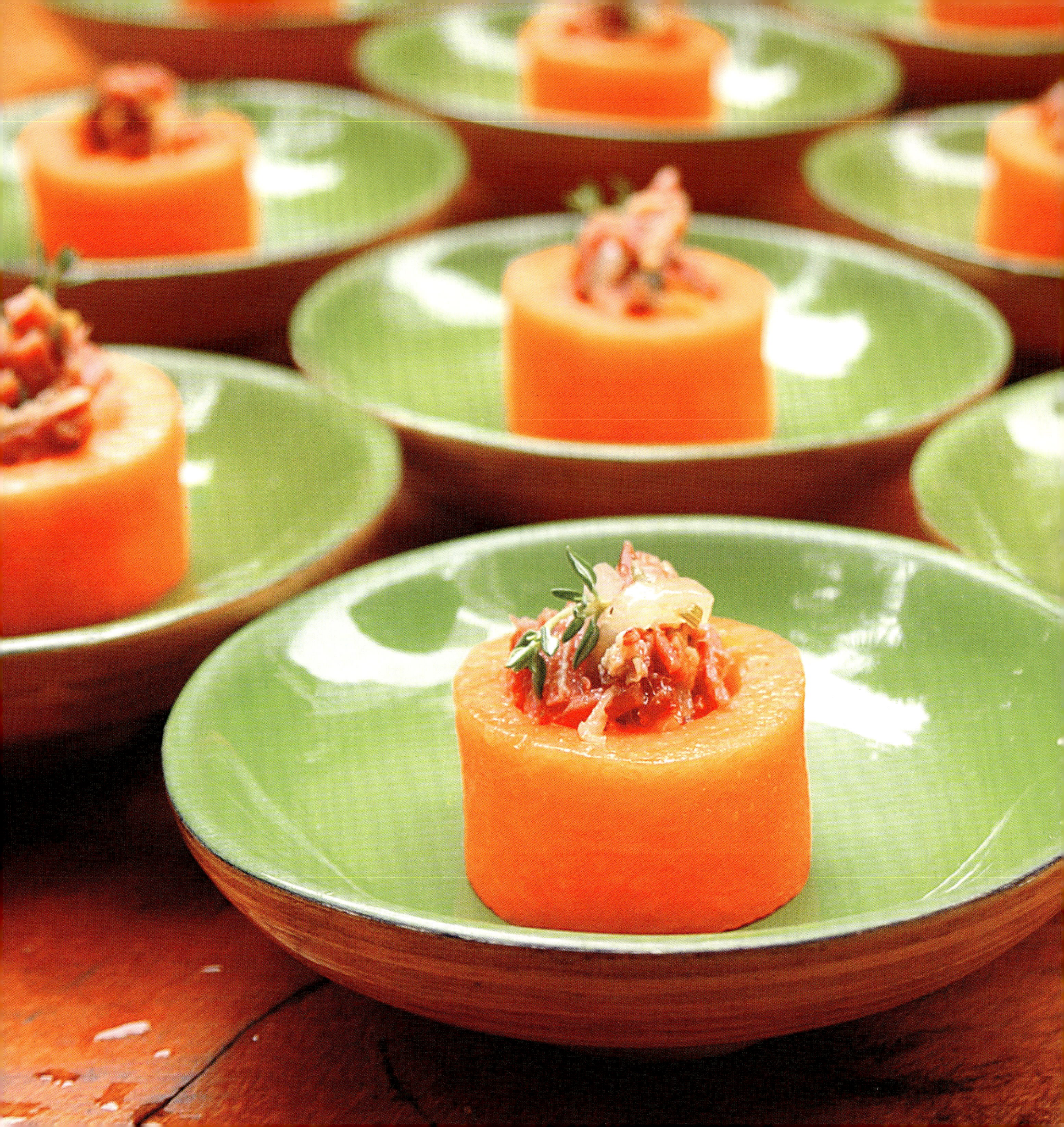

Sautée de camarão
na raiz de capim-santo

2 kg camarão pequeno e limpo
sal e pimenta-do-reino a gosto
30 g de gengibre
2 limões
1 lima
100 g de manteiga
20 g de alho
500 g de cebola
100 g de farinha de trigo
3 claras
salsinha, manjericão e hortelã a gosto
500 g de gergelim preto
500 g de gergelim branco
100 unidades de raiz de capim-santo (8 cm)

♪ Modo de preparo: tempere o camarão com o sal, pimenta-do-reino, gengibre, suco e as raspas de lima, reserve. Em uma frigideira, refogue o alho na manteiga, depois coloque a cebola, o sal e a pimenta-do-reino. Junte esse refogado aos camarões, e bata no processador. Coloque a mistura em uma vasilha e acrescente a farinha de trigo e as claras. Junte a salsinha, manjericão e hortelã picados. Leve à geladeira por cerca de 3 horas, até que a massa fique firme. Faça bolinhas e espete na raiz de capim-santo. Por último, passe-as nos gergelins misturados. Leve-as ao forno médio, preaquecido, por 15 minutos. Sugestão: Sirva com molho de limão capeta.

♪ Molho de limão capeta: 150 g de cebola picada / 30 g de manteiga / 30 g de farinha de trigo / 1 l de creme de leite fresco / suco de 4 limões capeta / sal e pimenta a gosto.

♪ Modo de preparo: doure a cebola na manteiga, acrescente a farinha, misture bem e dissolva no creme de leite. Deixe ferver para engrossar o molho. Acrescente o suco de limão e tempere com sal e pimenta. Sirva-o com os espetinhos.

♪ Rendimento: 100 unidades

♪ Tempo de preparo: 4 horas

Trio de brigadeiros na colher
(chocolate, castanha-do-pará e pistache)

♪ Chocolate:
2 colheres (sopa) de manteiga sem sal
6 colheres (sopa) de chocolate em pó
500 g de leite condensado

♪ Pistache:
2 colheres (sopa) de manteiga sem sal
500 g de leite condensado
200 g de pistaches

♪ Castanha-do–pará:
2 colheres (sopa) de manteiga sem sal
500 g de de leite condensado
200 g de castanha-do-pará

♪ Modo de preparo: misture todos os ingredientes e leve ao fogo baixo, mexendo sem parar até que solte do fundo da panela.

♪ Modo de preparo: bata o pistache no liquidificador até obter uma farofa. Misture todos os ingredientes e leve ao fogo baixo, mexendo sem parar até desprender do fundo da panela.

♪ Modo de preparo: bata a castanha no liquidificador, até obter uma farofa. Misture todos os ingredientes e leve ao fogo baixo, mexendo sem parar até desprender do fundo da panela.

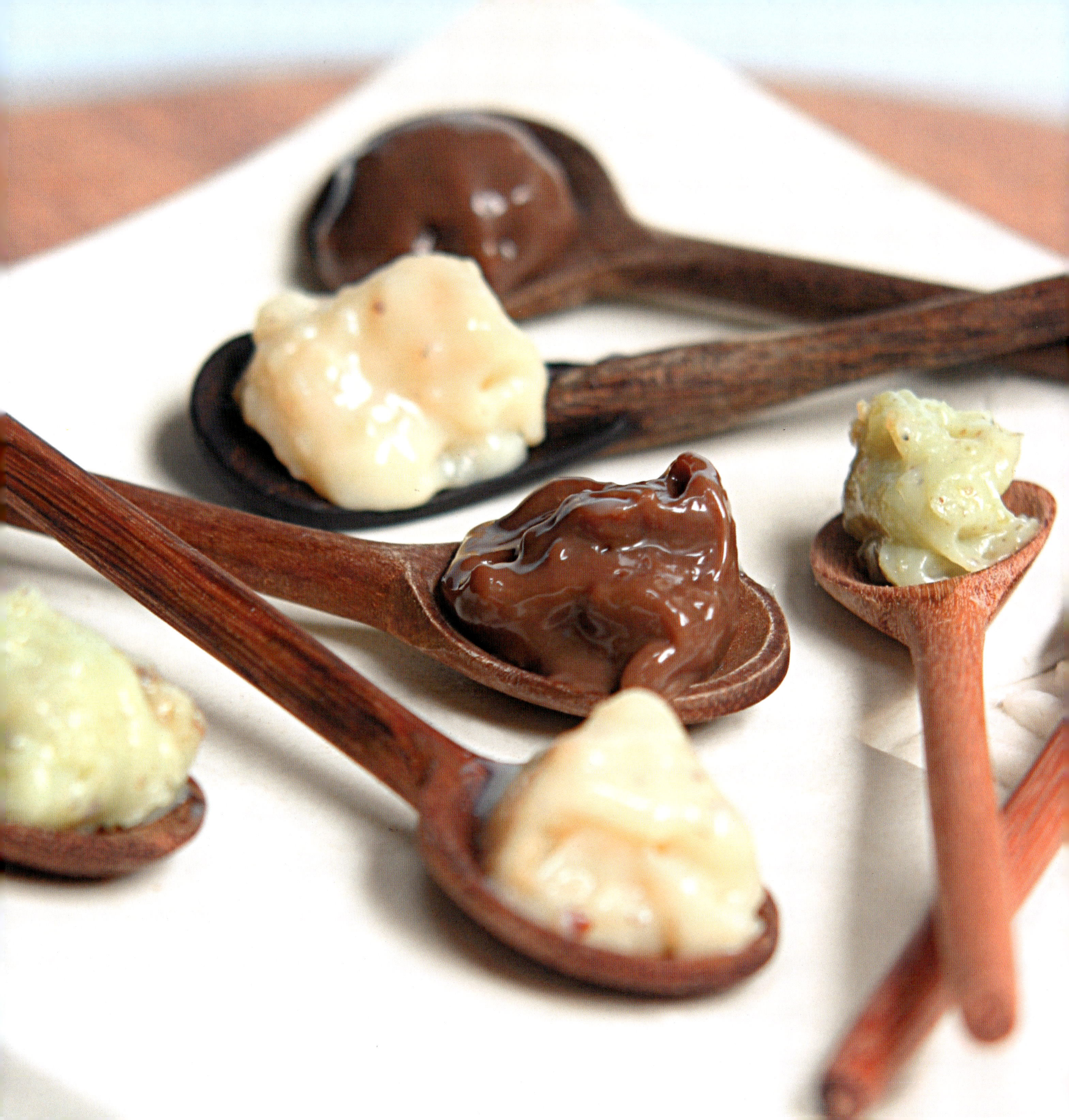

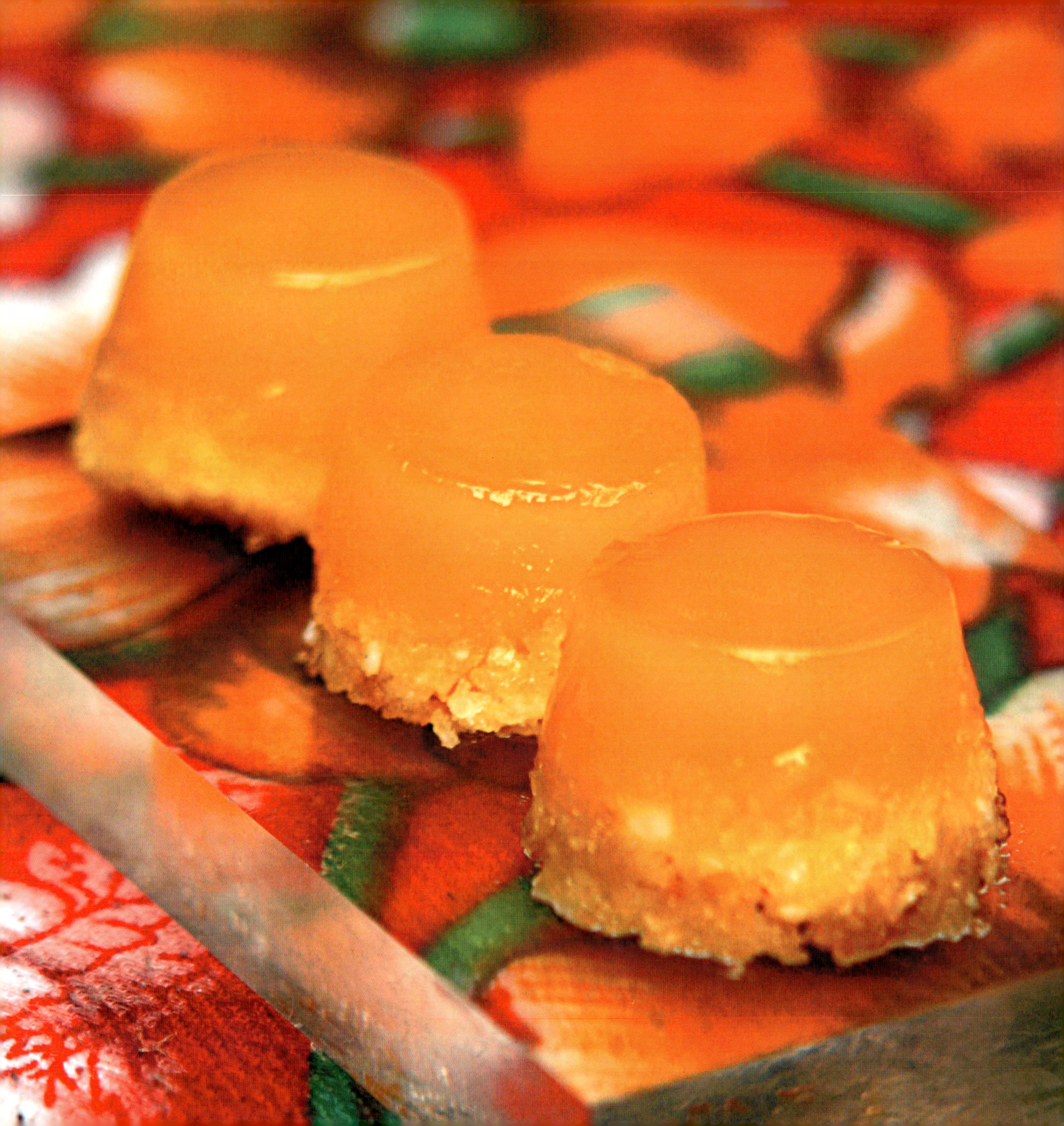

Moedinha de abóbora
com carne-seca

2 kg de abóbora pescoço
160 ml de azeite para temperar
sal e pimenta-do-reino a gosto
600 g de carne-seca
50 g de manteiga de garrafa
3 dentes de alho
200 g de cebola
salsinha a gosto

♪ Modo de preparo: corte a abóbora em rodelas da espessura de um dedo e depois, com ajuda de um aro, corte em círculos de 2 cm. Com uma colher de café, cave o centro dos discos. Coloque-os em uma assadeira, tempere com sal, pimenta-do-reino e um fio de azeite e leve ao forno por cerca de 10 minutos. Reserve. Coloque a carne em uma vasilha com água, para dessalgá-la, durante 4 horas, trocando a água de hora em hora. Assim que a carne estiver dessalgada, cozinhe-a, por 30 minutos, em panela de pressão. Deixe esfriar um pouco e desfie-a. Em uma panela, refogue o alho e a cebola com a manteiga. Acrescente a carne-seca desfiada e salpique salsinha.

♪ Finalização: recheie a abóbora com a carne-seca e leve ao forno por cerca de 5 minutos, para aquecer. Sirva em seguida.

♪ Rendimento: 100 porções

♪ Tempo de preparo: 6 horas

Pão de queijo

1 1/2 kg de polvilho doce
250 g de polvilho azedo
30 g de sal
300 ml de óleo
800 ml de leite quente
1 kg 750 g de queijo meia cura
6 ovos

♪ **Modo de preparo:** misture o polvilho doce, o polvilho azedo e o sal em uma tigela. Esquente o óleo, acrescente o leite e despeje sobre esses ingredientes secos, mexendo com uma colher. Junte os ovos, um a um, e amasse por alguns minutos, até a massa ficar homogênea. Por último coloque o queijo ralado e misture bem. Com uma colher de chá, faça bolinhas de massa e leve ao forno aquecido a 180° C, por cerca de 15 minutos, em assadeira untada com óleo.

♪ **Rendimento:** 100 unidades

♪ **Tempo de preparo:** 1 hora

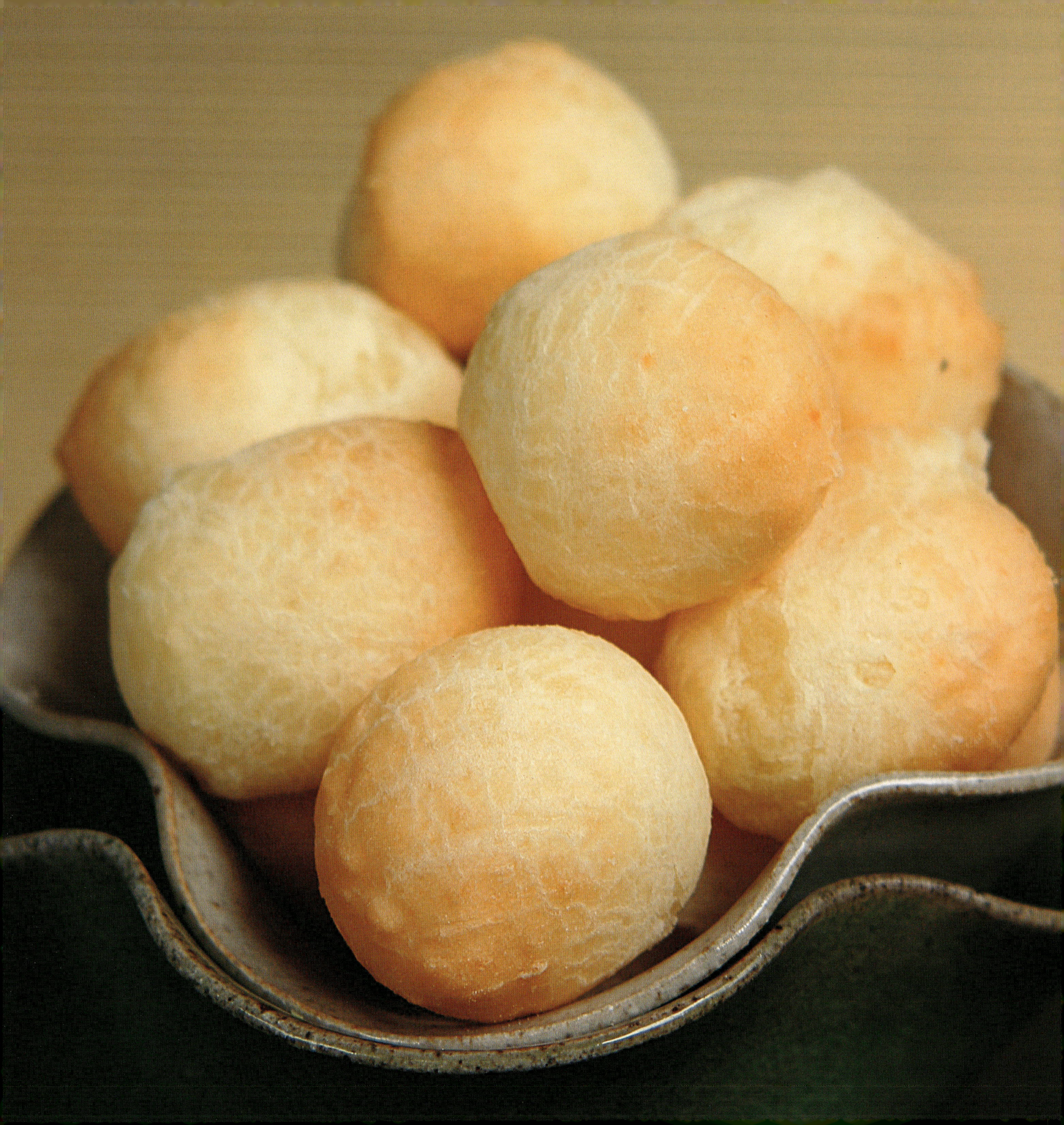

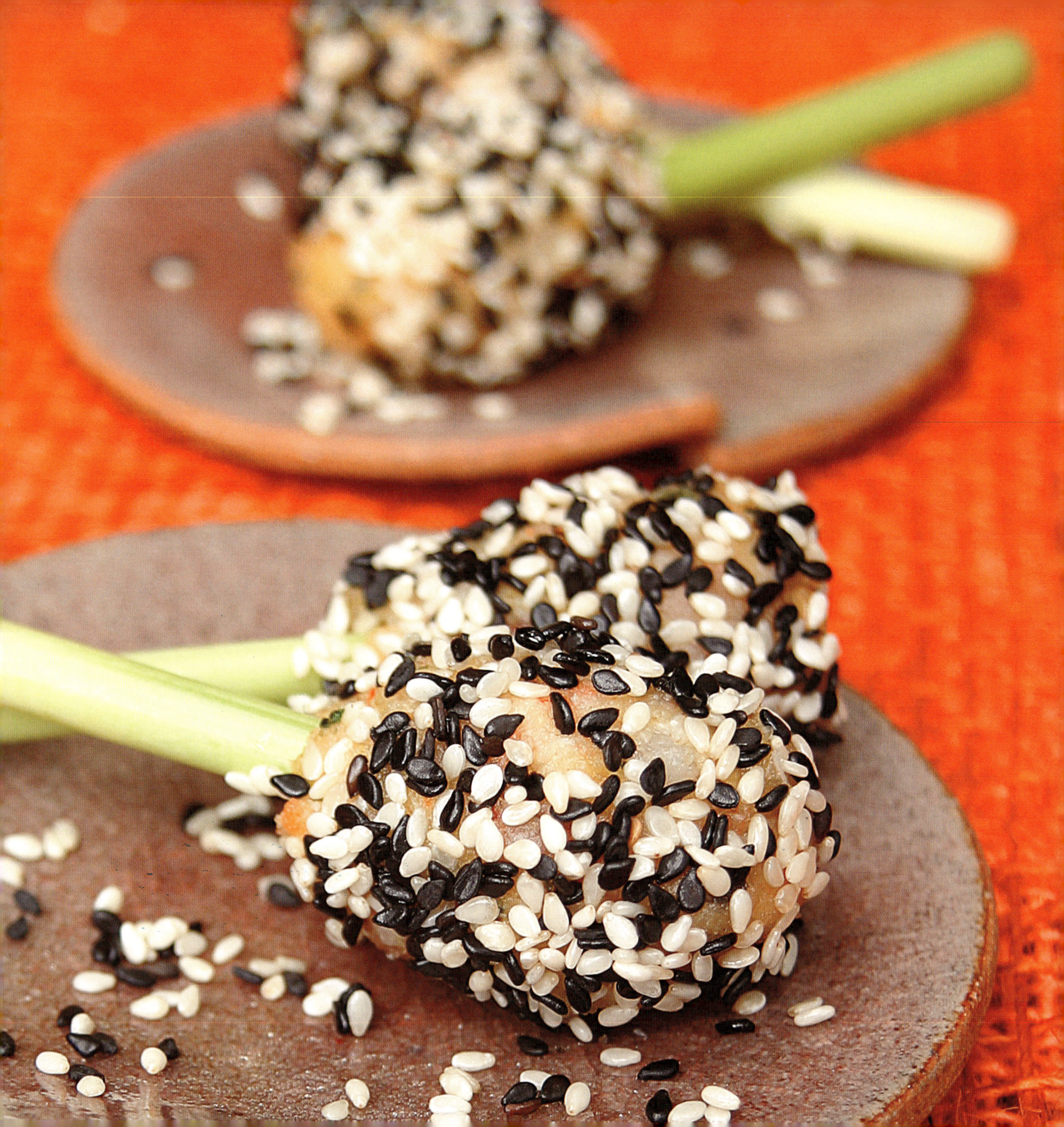

Miniquindim

50 g de manteiga sem sal e 100 g de açúcar para untar
450 g de coco ralado fresco
450 g de açúcar
35 gemas

♪ Modo de preparo: unte forminhas com a manteiga e salpique açúcar, resreve. Peneire as gemas, junte o açúcar e a seguir o coco fresco. Coloque a mistura e leve ao forno em banho-maria por cerca de 10 minutos. Desenforme e sirva frio.

♪ Rendimento: 100 unidades

♪ Tempo de preparo: 1 hora

Queijadinha

1 colher (sopa) de manteiga sem sal
4 latas de leite condensado
400 g de coco ralado
12 ovos

♪ Modo de preparo: misture todos os ingredientes e coloque em forminhas untadas com manteiga. Leve ao forno por cerca de 10 minutos. Desenforme e sirva morno.

♪ Rendimento: 100 porções

♪ Tempo de preparo: 1 hora

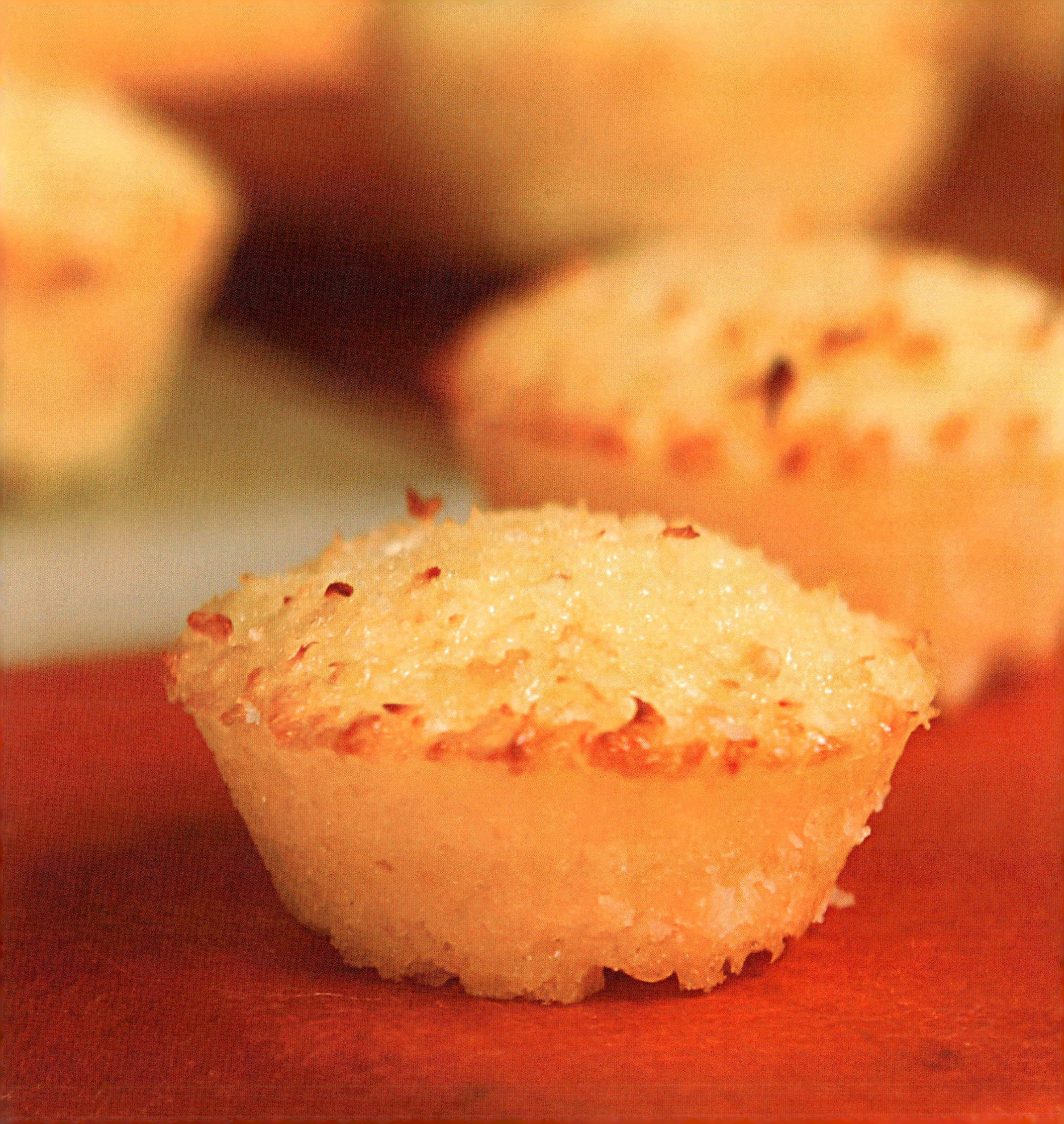

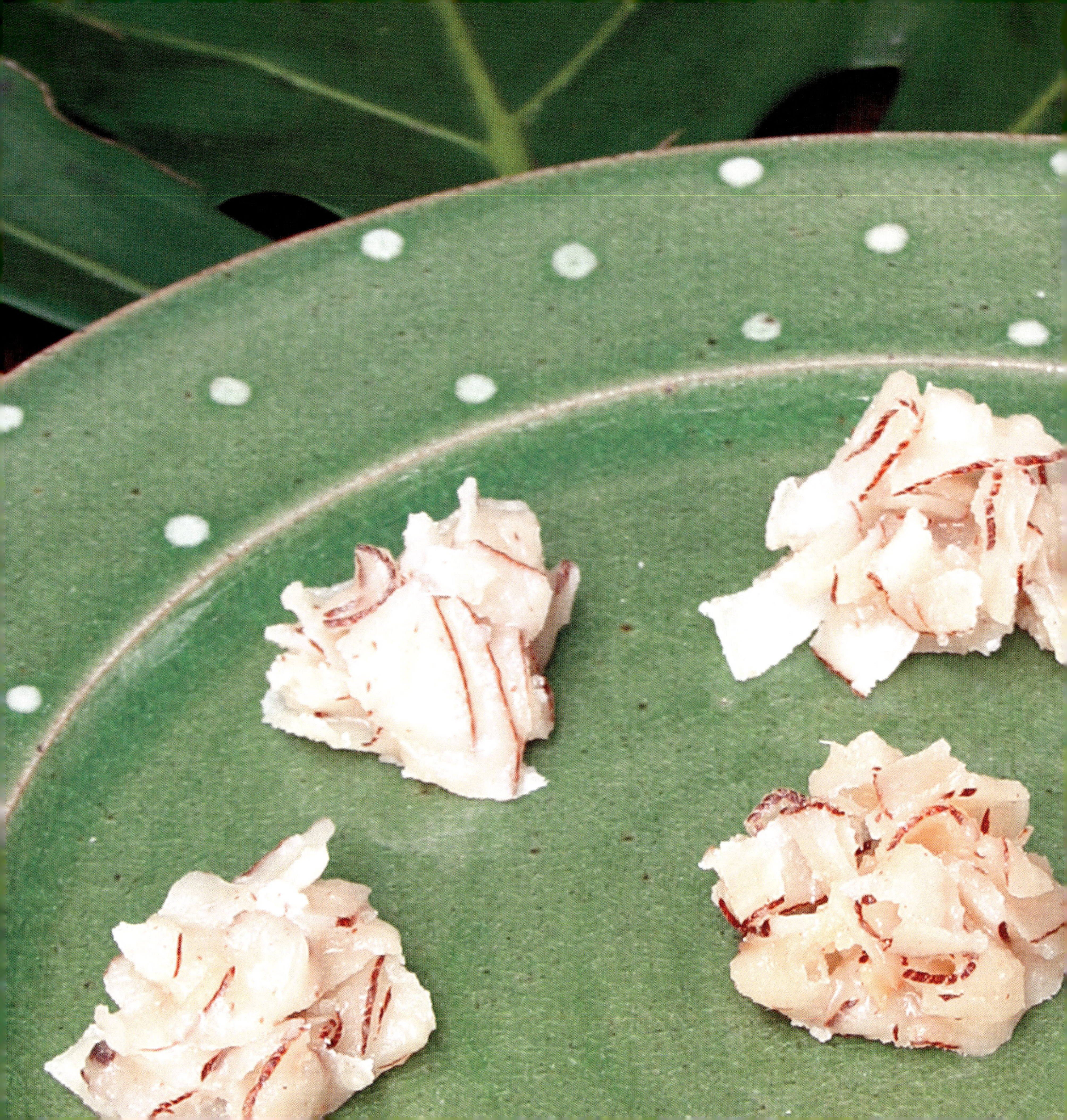

Cocada

2 l de água
10 cravos-da-índia
1 kg de açúcar
150 g de manteiga sem sal
2 kg de coco fresco ralado
10 gemas peneiradas

♪ Modo de preparo: dilua o açúcar na água e acrescente os cravos. Leve ao fogo e deixe ferver sem mexer para obter um xarope. Antes que seja atingido o ponto de fio, acrescente o coco ralado e misture bem. Deixe cozinhar em fogo baixo, mexendo sempre, por cerca de 5 minutos. Acrescente a manteiga e as gemas, misture muito bem e deixe cozinhar, até que a mistura se desprenda do fundo da panela. Apague o fogo e mexa mais um pouco.

♪ Finalização: com uma colher de sobremesa, disponha montinhos de doce sobre o mármore; deixe esfriar, para endurecer antes de soltá-los do mármore, com uma espátula.

♪ Rendimento: 100 unidades

♪ Tempo de preparo: 2 horas

Caipirinha de limão

*10 limões / 350 g de açúcar /
1 l de cachaça / 1 kg de gelo picado*

♪ Modo de preparo: corte os limões em quatro, misture o açúcar e esmague bem com um pilão. Acrescente a cachaça e o gelo. Coloque em uma coqueteleira, fechando bem, e agite vigorosamente.

♪ Rendimento: 20 porções

♪ Tempo de preparo: 15 minutos

Caipirinha de capim-santo

*200 g de açúcar / 200 g de folhas de capim-santo /
suco de 4 limões / 1 l de cachaça / 1 kg de gelo picado
300 ml de água / 400 g de raiz de capim-santo, cortadas em 20
pequenos bastões para decorar os copos e misturar a caipirinha*

♪ Modo de preparo: bata no liquidificador a água, o açúcar, as folhas de capim-santo e o suco dos limões. Passe por uma peneira; transfira para uma coqueteleira, acrescente a cachaça e o gelo picado; feche muito bem e agite vigorosamente.

♪ Rendimento: 20 porções

♪ Tempo de preparo: 15 minutos

Batida de coco

1 l de pinga
2 latas de leite condensado
2 l de leite de coco
200 g de coco ralado

♪   Modo de preparo: na véspera, misture todos os ingredientes no liquidificador ou em uma coqueteleira. Leve ao refrigerador. No momento de servir agite, junte alguns cubos de gelo e salpique com o coco ralado. Sirva em copo grande, com canudo, se preferir.

♪   Rendimento: 20 porções

♪   Tempo de preparo: 15 minutos (mistura preparada na véspera)

Refresco de Capim-santo

200 g de folhas de capim-santo
2 l de água
raspas de gengibre a gosto
açúcar mascavo dourado a gosto

♪   Modo de preparo: bata no liquidificador as folhas com a água e o gengibre. Passe pela peneira. Leve ao refrigerador até que fique bem gelado. Acrescente açúcar mascavo a gosto e sirva.

♪   Rendimento: 10 copos

♪   Tempo de preparo: 30 minutos

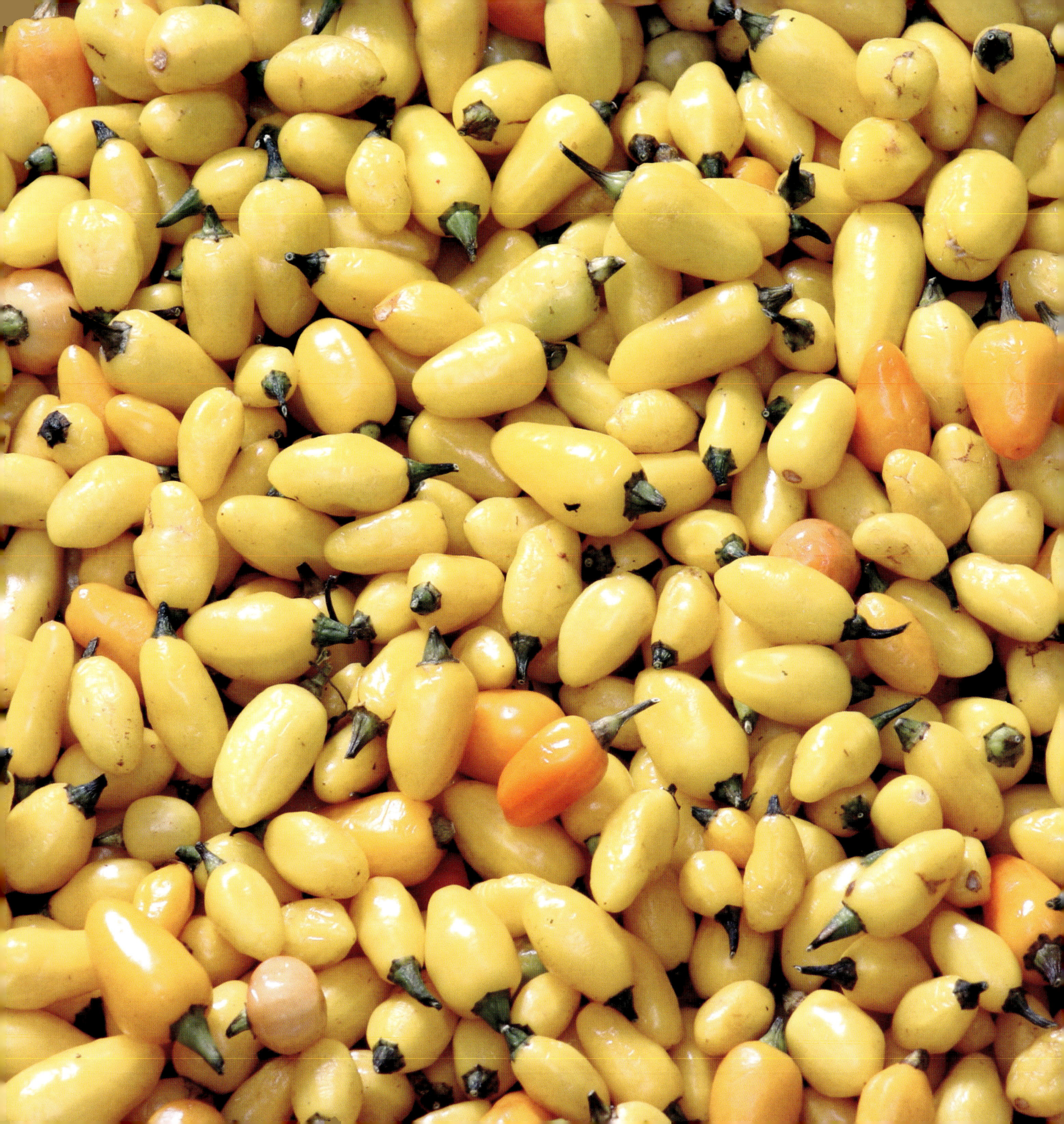

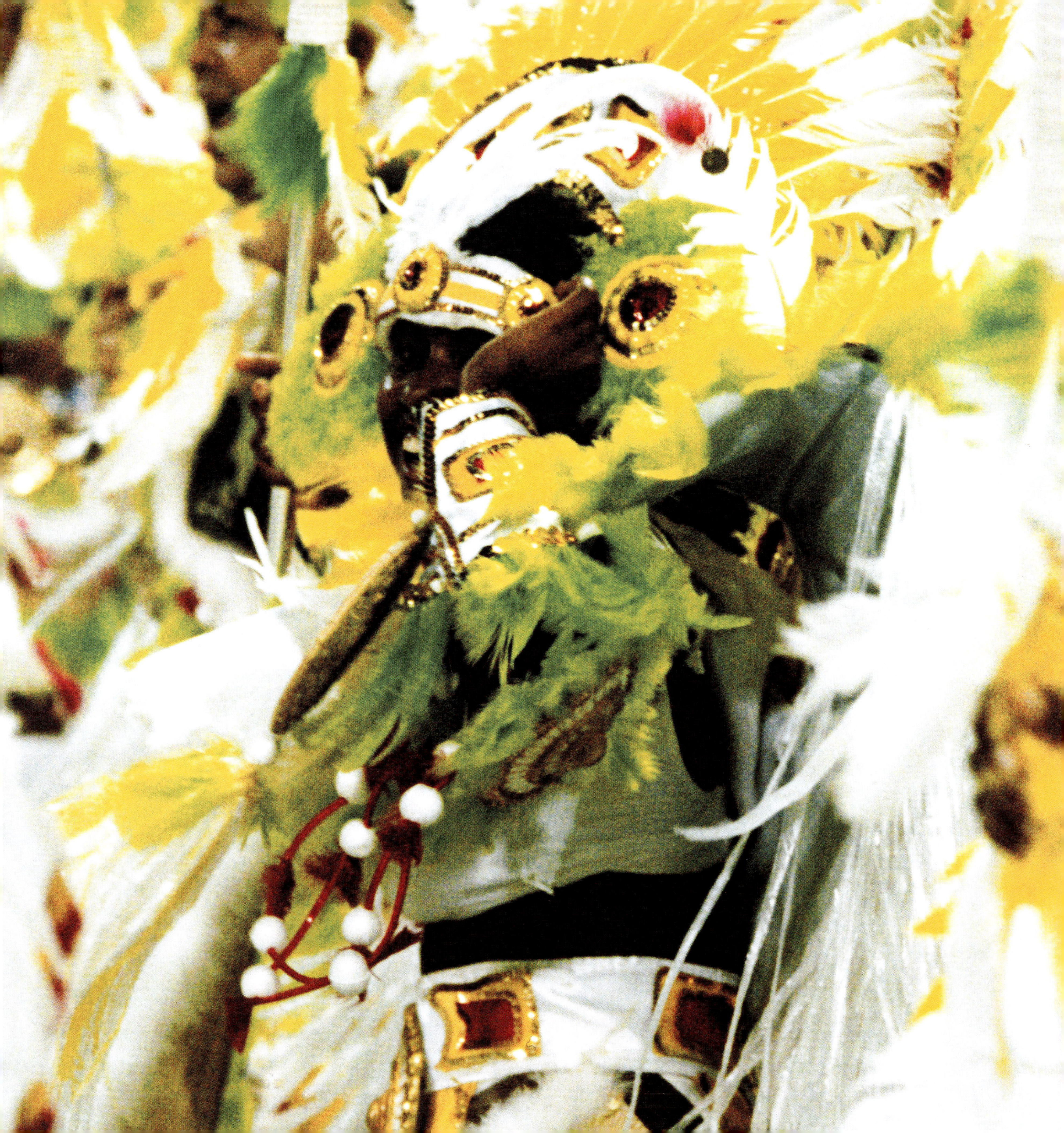

[...]
"Vamos comer

Vamos comer, João

Vamos comer

Vamos comer, Maria

Se tiver

Se não tiver então ô ô ô ô

Vamos comer

Vamos comer canção

Vamos comer

Vamos comer poesia

Se tiver

Se não tiver então ô ô ô ô

♪ Caetano Veloso, "Vamo" comer

Sopa de batata-doce ao capim-santo : p.52

Embrulhadinho de caranguejo : p.54

Camarão com tapioca e castanha-do-pará : p.56

Salada de robalo com papaia e amendoim : p.58

Salada morna de lula : p.60

Salada de feijão, tomate e cebola roxa : p.62

ENTRADAS E SALADAS

Sopa de batata-doce
ao capim-santo

60 g de manteiga
20 g de alho
200 g de cebola
60 g de raiz de capim-santo
sal e pimenta-do-reino a gosto
500 g de batata-doce em cubos
2 l de caldo de legumes
500 ml de creme de leite fresco (opcional)

♪ Modo de preparo: doure o alho na manteiga, acrescente a cebola, a raiz de capim-santo e refogue. Descasque a batata-doce, corte em cubos, junte ao refogado e cubra com o caldo de legumes. Cozinhe até que a batata-doce esteja mole. Bata tudo no liquidificador, passe por uma peneira e leve ao fogo novamente. Reduza até atingir a consistência desejada; tempere com salsinha, sal e pimenta-do-reino. Se preferir, finalize com o creme de leite fresco.

♪ Finalização: sirva em uma sopeira ou, para coquetel, em 20 colheres de porcelana.

♪ Rendimento: 4 porções

♪ Tempo de preparo: 45 minutos

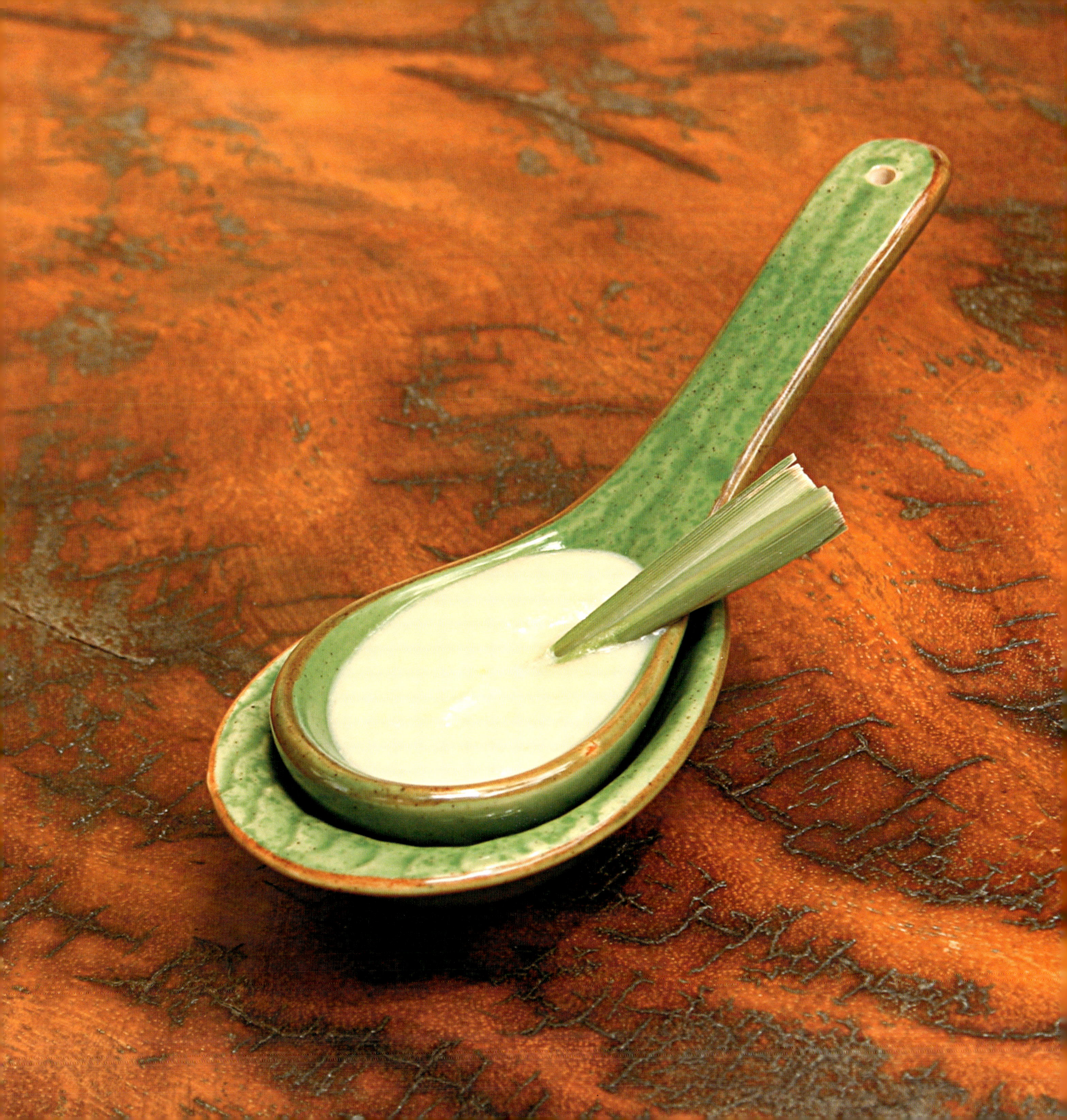

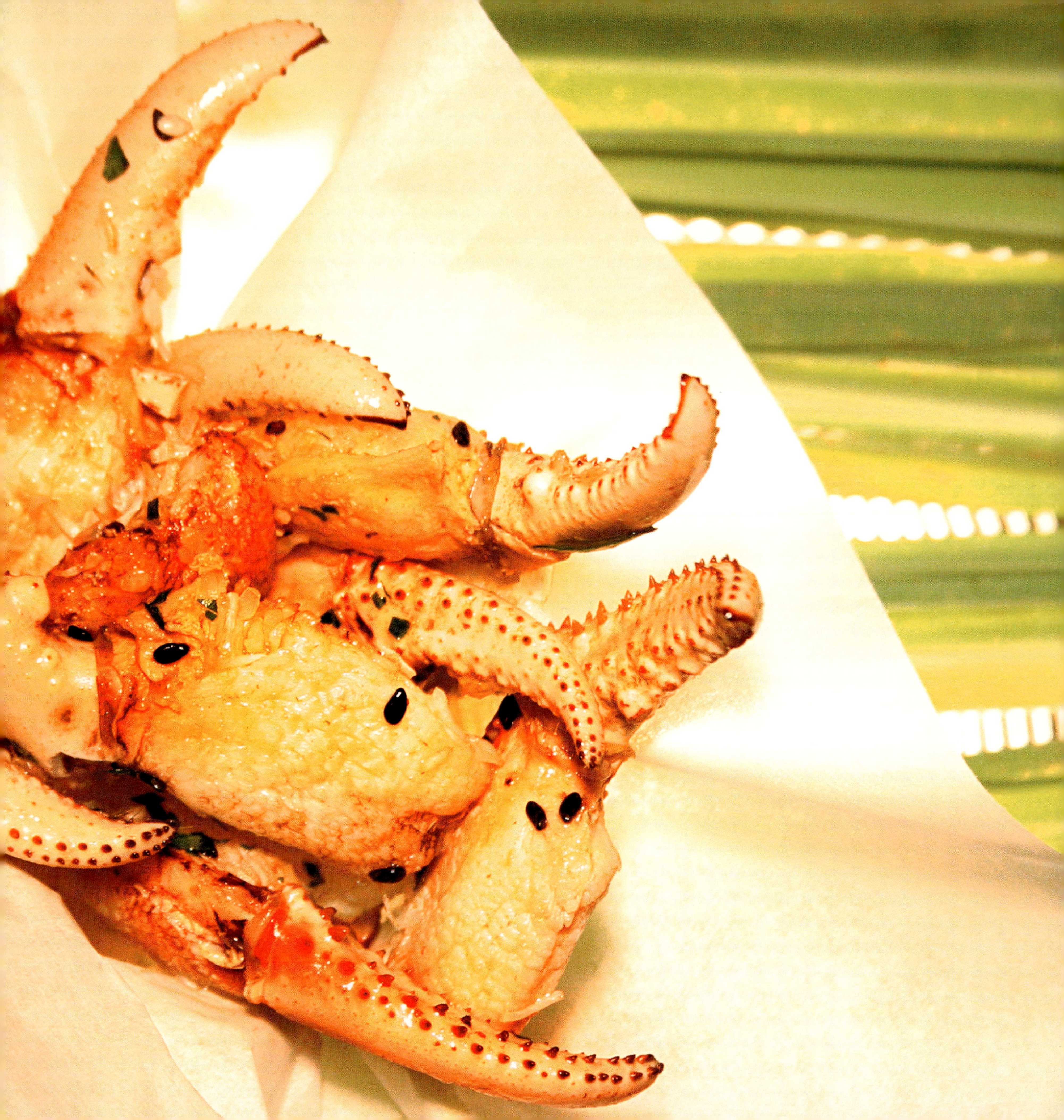

Embrulhadinho de caranguejo

♪ Pesto de capim santo
30 g de xerém de caju
200 ml de azeite
suco de 2 limões
60 g de folhas de capim-santo
sal e pimenta-do-reino a gosto

♪ Modo de preparo: bata todos os ingredientes no liquidificador, temperando-os com sal e pimenta-do-reino a gosto. Peneire e reserve.

♪ Caranguejo: 640 g de patinhas de caranguejo / papel-manteiga, para embrulhar / salsinha para a decoração / gergelim preto para decoração / gergelim branco para decoração.

♪ Modo de preparo: tempere as patinhas com o pesto e deixe marinar na geladeira por 30 minutos. Corte o papel-manteiga em quadrados de cerca de 30 cm x 30 cm. Distribua as patinhas nos centros e regue-as com o pesto. Dobre o papel como envelope e aperte bem todas as pontas, para que o molho não vaze. Coloque, em uma assadeira, no forno preaquecido, em temperatura alta, por 10 minutos.

♪ Finalização: para servir, abra o papel, coloque o gergelim preto misturado com o branco e salpique com a salsinha. Feche o embrulhadinho e sirva bem quente.

♪ Rendimento: 4 porções

♪ Tempo de preparo: 50 minutos

Camarão com tapioca
e castanha-do-pará

30 g de tapioca
400 ml de leite
100 ml de leite de coco
120 g de camarão
1/2 limão
sal e pimenta-do-reino a gosto
30 g de manteiga
cheiro-verde picado a gosto
20 g de alho
80 g de cebola
200 g de palmito pupunha
60 g de castanha-do-pará
20 g de coco ralado

♪ Modo de preparo: coloque a tapioca de molho em metade dos leites (50 ml de leite de coco e 200 ml de leite), até dobrar de volume. Tempere os camarões com sal, pimenta-do-reino e suco de limão e reserve. Refogue o alho e a cebola na manteiga; acrescente os camarões, refogando por alguns minutos. Corte o palmito pupunha em cubos médios e cozinhe-os até ficarem macios. Escorra e bata no liquidificador, com a outra metade dos leites, até obter um creme; acrescente a castanha-do-pará picada. Leve ao fogo a mistura de palmito e vá acrescentando a tapioca aos poucos, mexendo sempre, até engrossar. Tempere com sal e pimenta-do-reino.

♪ Finalização: coloque em 4 tachinhos de cobre individuais, salpique coco ralado e a salsinha picada e sirva.

♪ Rendimento: 4 porções

♪ Tempo de preparo: 1 hora

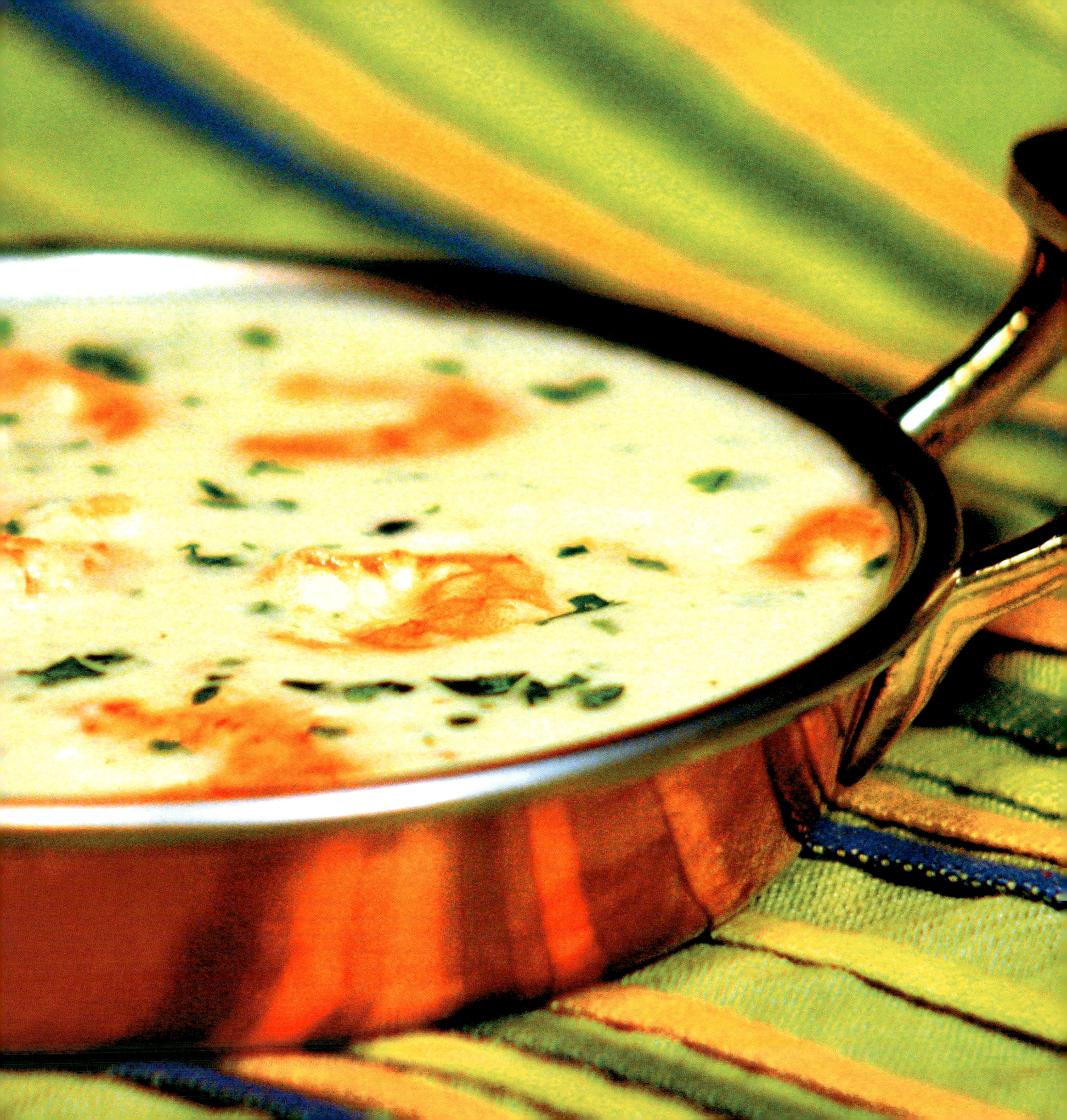

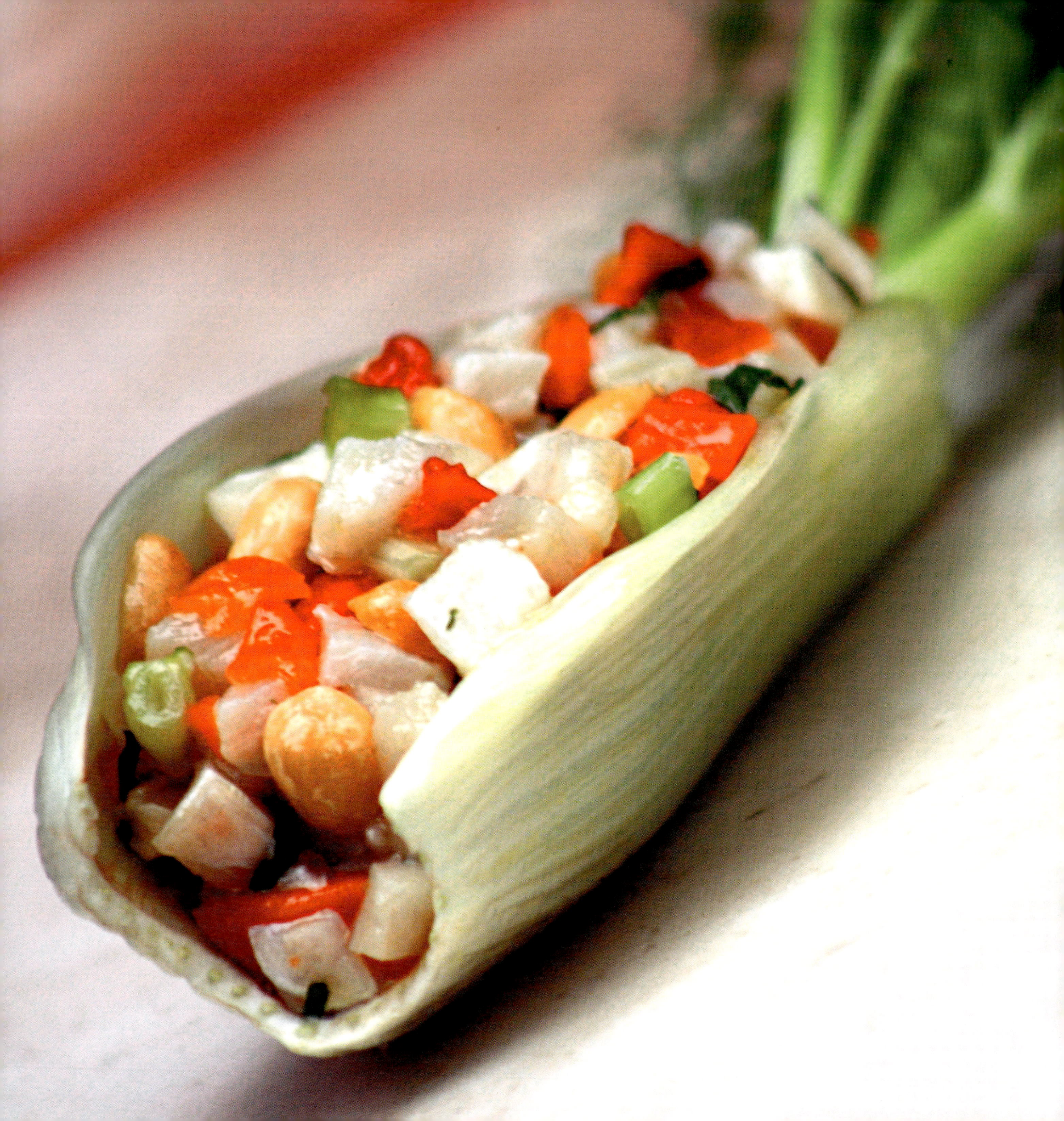

Salada de robalo
com papaia e amendoim

80 g de papaia desidratada picada
sal e pimenta-do-reino a gosto
140 g de erva-doce
amendoim a gosto
350 g de robalo
suco de 1 limão
60 ml de azeite
hortelã a gosto

♪ Modo de preparo: corte o robalo em cubos pequenos e tempere com limão, azeite, sal e pimenta-do-reino; deixe marinar por cerca de 30 minutos. Corte o cabinho da erva-doce em meias-luas, reservando-os para servir a salada.

♪ Finalização: junte os demais ingredientes, corrija o tempero e disponha a mistura nos caules reservados.

♪ Rendimento: 4 porções

♪ Tempo de preparo: 30 minutos

Salada morna
de lula

60 ml de azeite
20 g de alho
1 limão
400 g de anéis de lula
sal e pimenta-do-reino a gosto
180 g de tomate cereja
100 g de rúcula
salsinha a gosto

♪ Modo de preparo: tempere os anéis de lula com 1 colher de azeite, sal, limão e pimenta-do-reino e deixe marinar por 10 minutos. Doure o alho com a outra colher de azeite. Junte e refogue rapidamente os anéis de lula, acrescente os tomates cerejas, e a seguir a rúcula, então desligue o fogo.

♪ Finalização: com a ajuda de um aro, disponha a salada em 4 pratos quadrados e sirva a seguir.

♪ Rendimento: 4 porções

♪ Tempo de preparo: 45 minutos

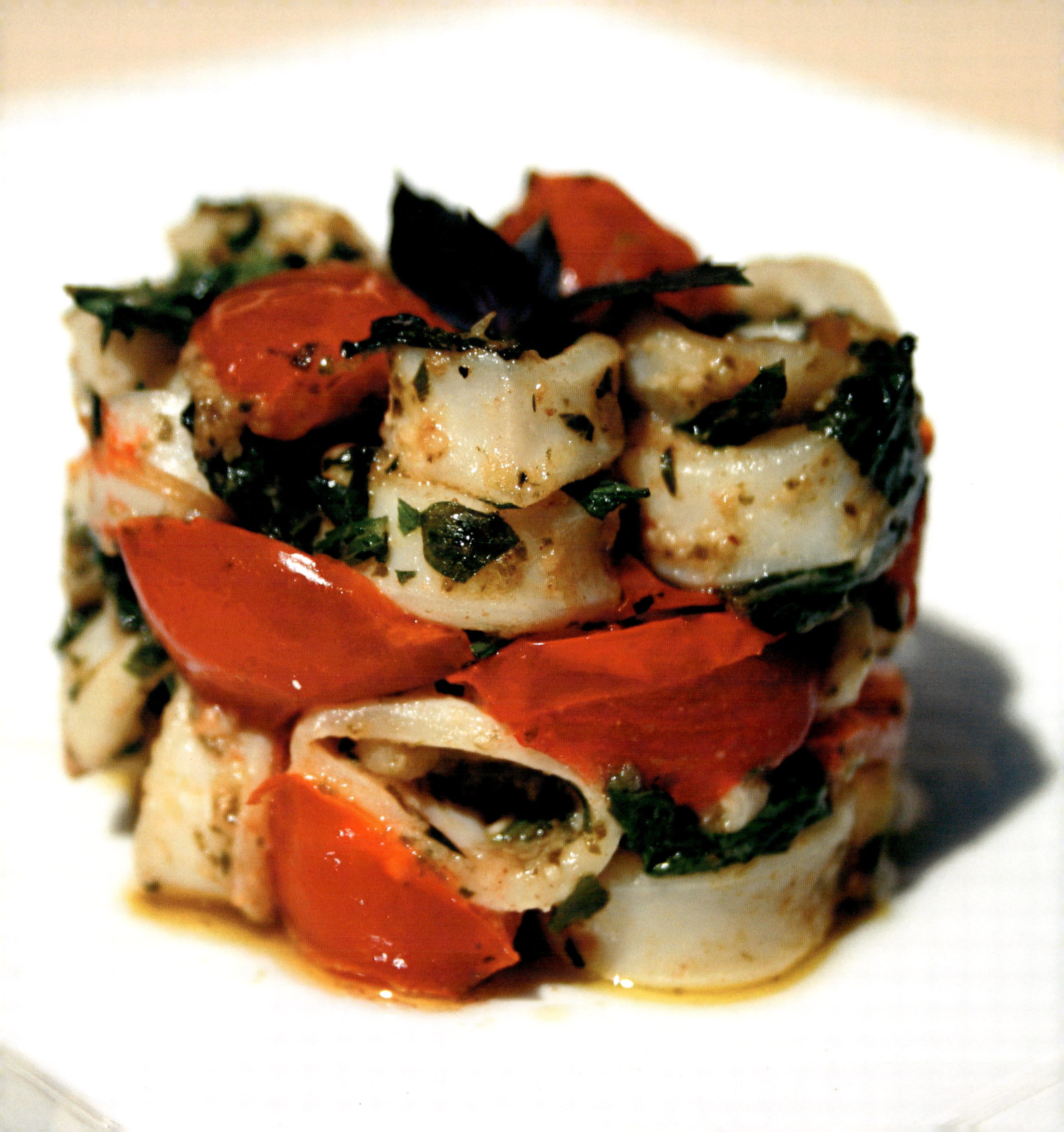

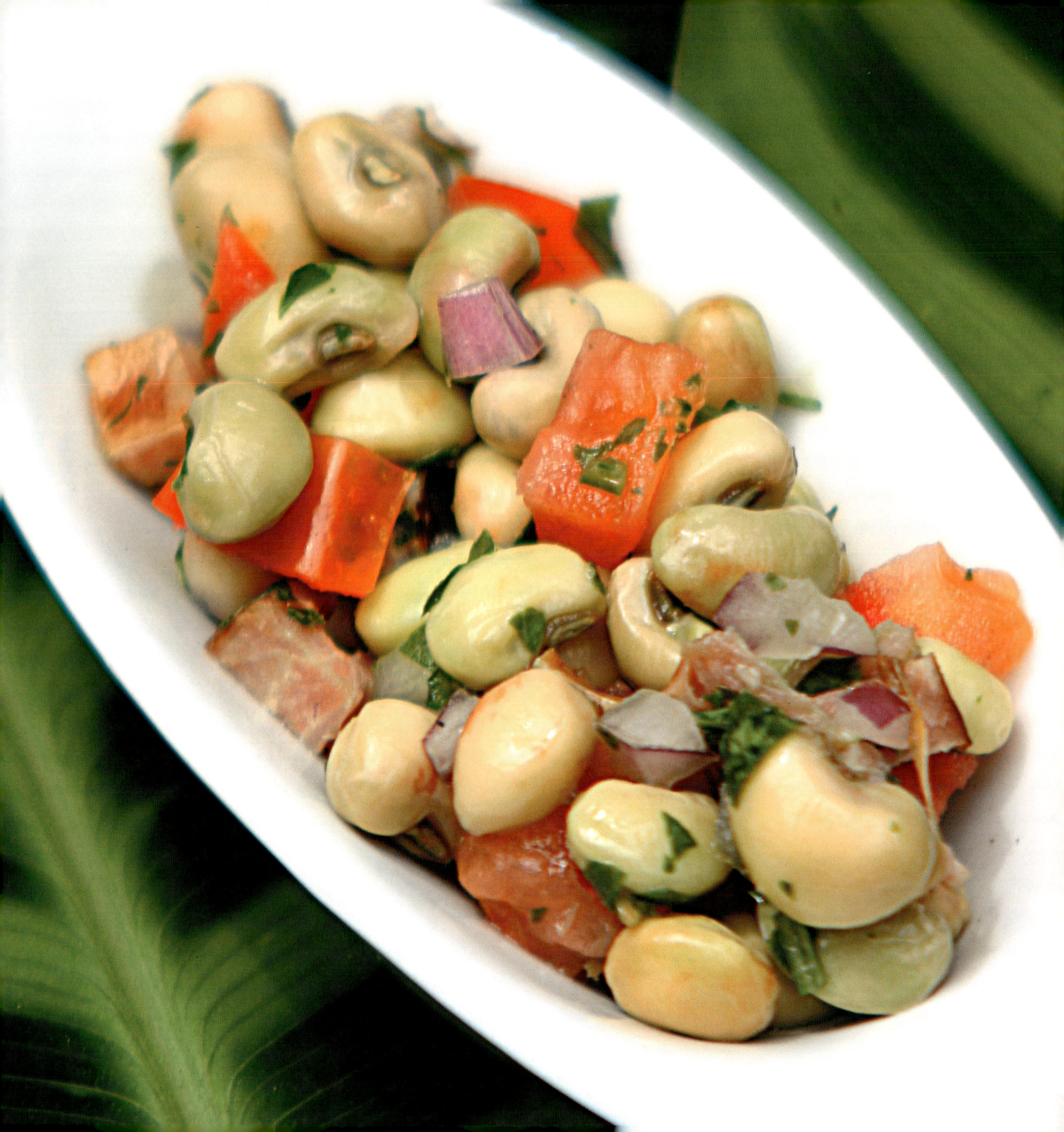

Salada de feijão,
tomate e cebola roxa

600 g de feijão-de-corda
60 g de manteiga de garrafa
10 g de bacon
200 g de cebola roxa
400 g de tomates
1 limão
sal e pimenta-do-reino a gosto

♪ Modo de preparo: cozinhe o feijão-de-corda em água com sal até ficar tenro. Frite o bacon na manteiga de garrafa e reserve. Pique o tomate e a cebola em cubinhos. Misture tudo e tempere com limão, sal e pimenta-do-reino. Finalize com a salsinha picada.

♪ Rendimento: 4 porções

♪ Tempo de preparo: 2 horas

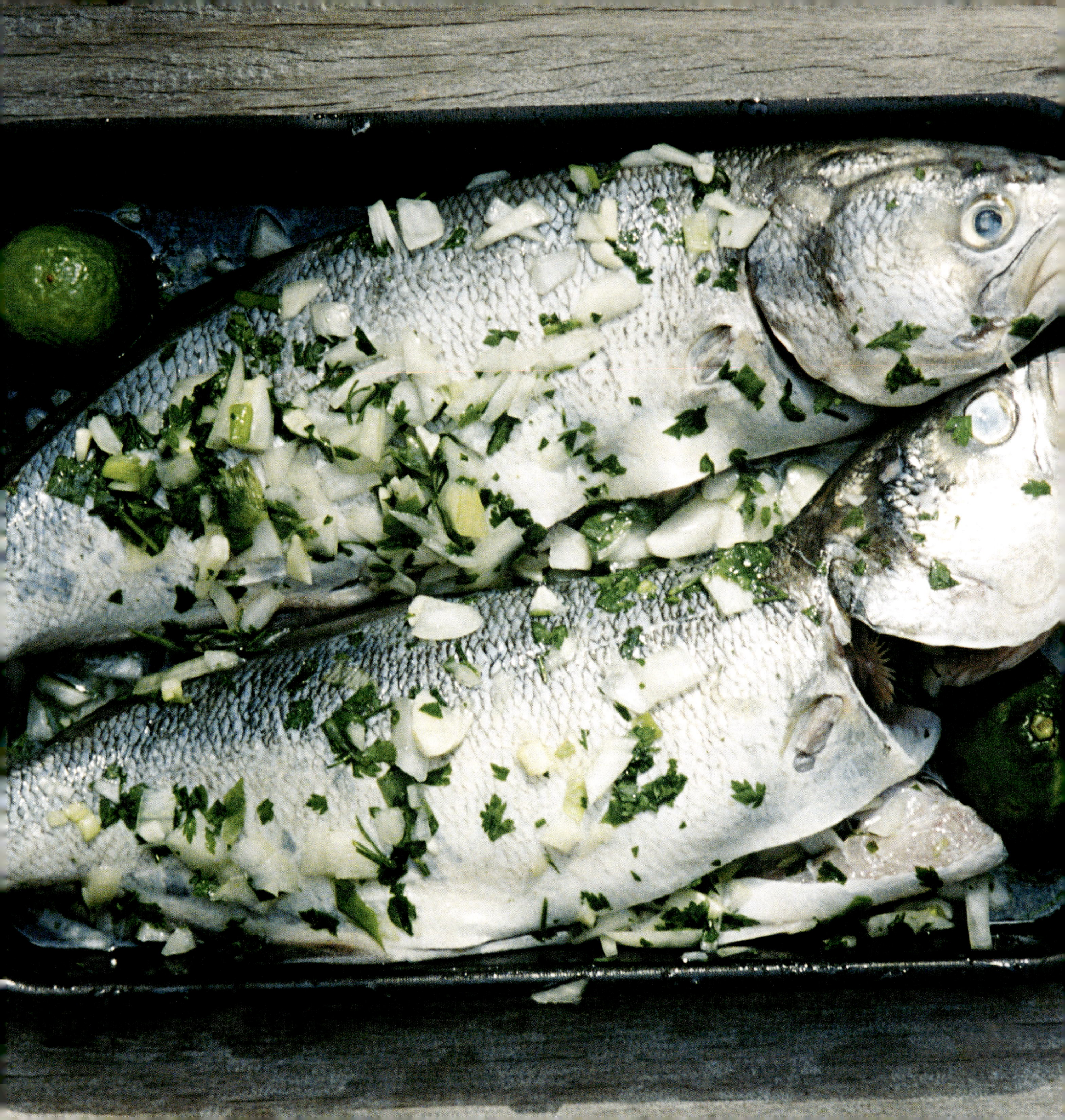

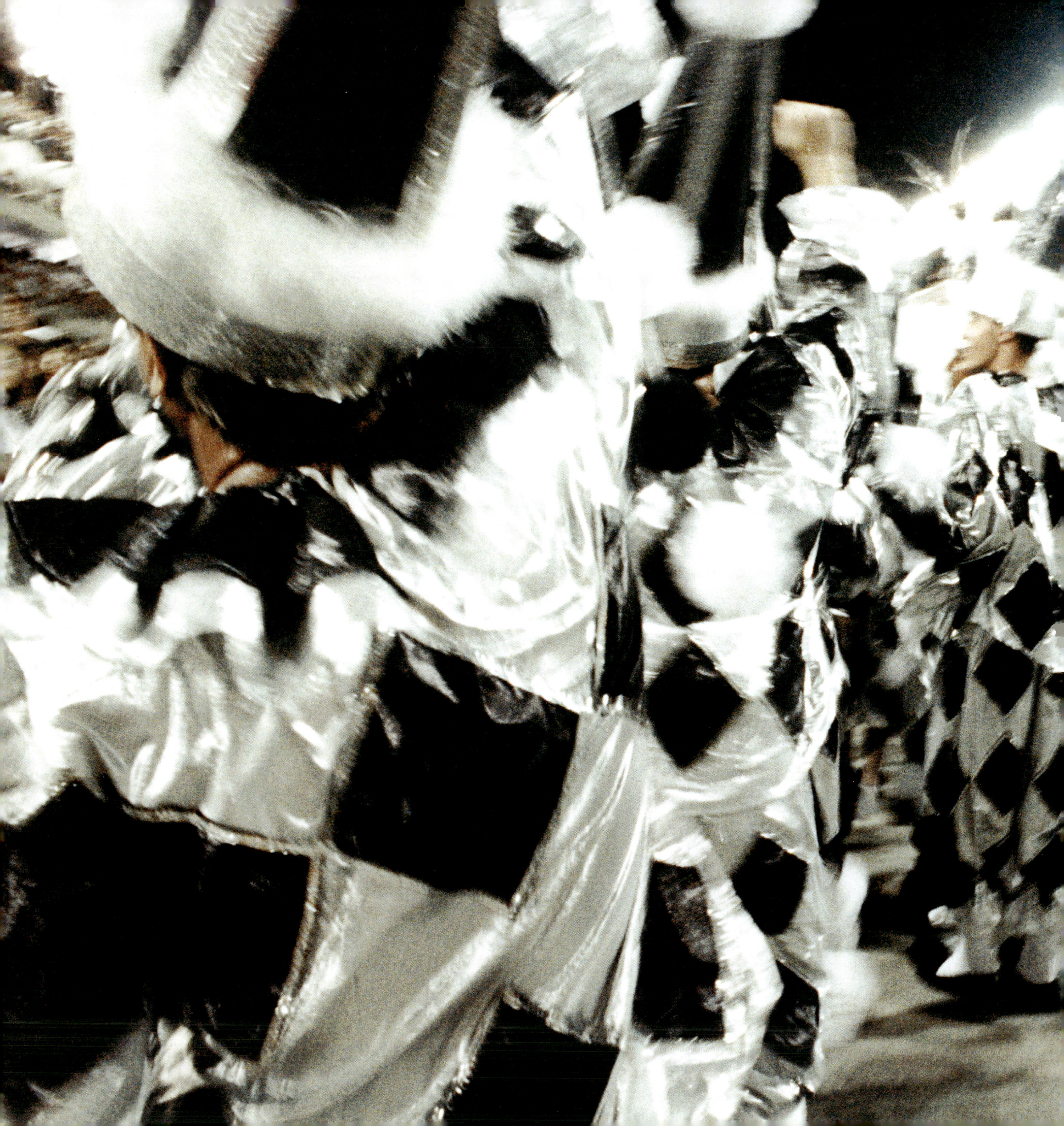

"No tabuleiro da baiana tem:
Vatapá, oi, carurú, mugunzá, tem umbu
Pra Ioiô
Se eu pedir você me dá o seu coração
Seu amor de Iaiá?"

♪ Ary Barroso, No tabuleiro da baiana

Galinha caipira : p.68
Cuca de frango com requeijao cremoso : p.70
Picadinho de filé-mignon com farofa de banana : p.72
Picanha de cordeiro ao molho de café, com rösti de aipim : p.74
Feijoada completa : p.76
Baião-de-dois com carne-seca : p.78
Medalhão grelhado com queijo coalho ao molho de melado de cana : p.80
Abóbora recheada com carne-seca acebolada sobre cama de couve : p.82
Nhoque de mandioquinha com molho de agrião : p.84
Capellini al mare : p.86
Vieiras grelhadas acompanhadas de risoto de caipirinha : p.88
Badejo recheado com farofa de camarão : p.90
Linguado grelhado com pinhão e salada verde : p.92
Filé alto de bacalhau assado : p.94
Robalo com crosta de castanha-de-caju : p.96
Moqueca de frutos do mar, acompanhada de arroz com coco : p.98
Medalhão de robalo com surubim defumado : p.100
Lagostim grelhado com banana-da-terra : p.102
Frigideira de siri : p.104
Lagosta gratinada no abacaxi : p.106
Camarão ensopado com curry e leite de coco : p.108

Pratos

Galinha caipira

1 galinha caipira de 2 kg
500 ml de cachaça
2 limões galegos
30 g de urucum em pó
300 g de alho
600 g de cebola
coentro picado a gosto
100 ml de azeite de dendê

♪ Legumes:
200 g de abóbora picada em cubos
200 g de mandioquinha picada em cubos
200 g de abobrinha picada em cubos
200 g de chuchu picado em cubos
200 g de cenoura picada em cubos
sal e pimenta-do-reino a gosto

♪ Modo de preparo: corte a galinha nas suas juntas e escalde (jogue água fervendo, depois lave-a em água corrente), tempere com sal e pimenta-do-reino e reserve. Faça uma marinada com a cachaça, os limões, o urucum, o alho amassado, a cebola picada e o coentro. Junte a galinha e deixe de molho de um dia para o outro na geladeira. Numa frigideira, esquente bem o azeite de dendê e frite nele a galinha, reservando o caldo de sua marinada. Depois acrescente a marinada e cubra com água. Deixe cozinhar por cerca de 40 minutos. Acrescente os legumes picados em cubos e deixe cozinhar até ficarem macios. Tempere com sal e pimenta-do-reino e sirva a seguir.

♪ Rendimento: 10 porções

♪ Tempo de preparo: um dia

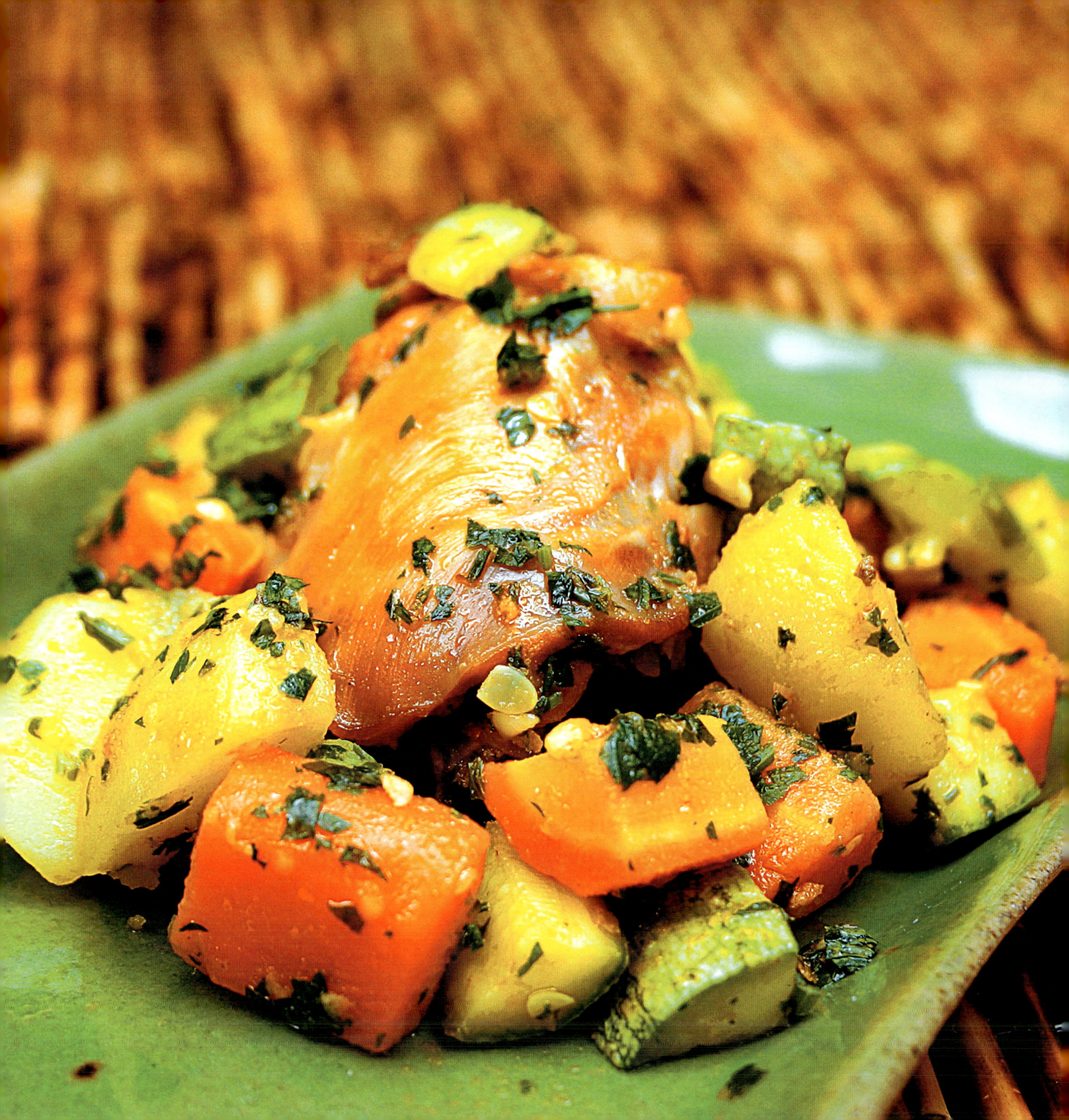

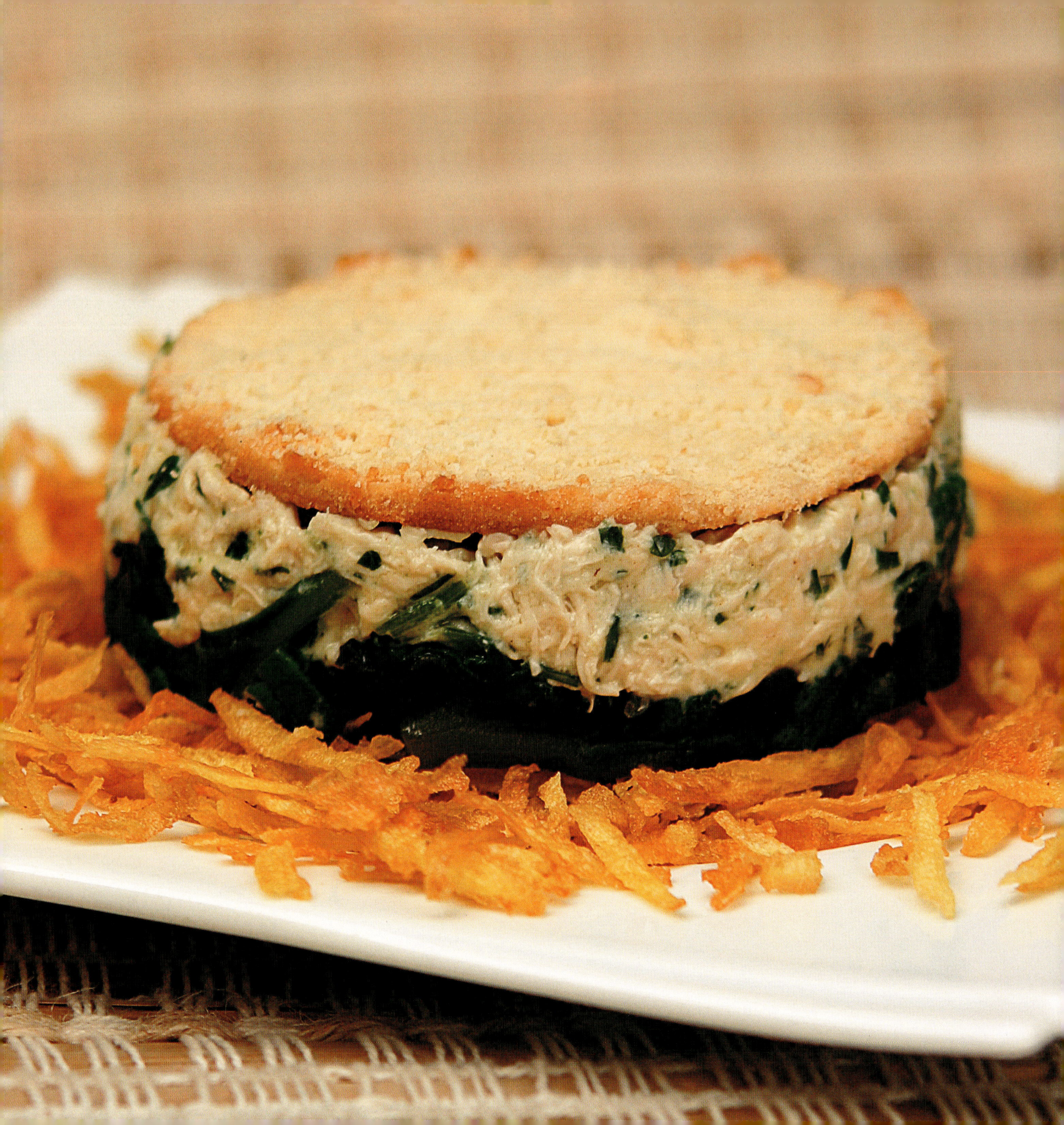

Cuca de frango com requeijão cremoso,
espinafre refogado e mandioquinha palha

♪ Frango:
800 g de peito de frango / água e sal para cozimento / 50 g de manteiga
2 dentes de alho amassados / 1 cebola bem picada / manjericão a gosto
200 g de requeijão cremoso / 600 ml de leite / sal e pimenta-do-reino a gosto

♪ Modo de preparo: cozinhe o peito de frango em água e sal, até a carne ficar macia e bem branquinha. Retire do fogo, lave o frango para tirar o odor, espere esfriar e desfie. Em uma frigideira, derreta a manteiga e doure o alho; acrescente a cebola, refogando por alguns minutos. Coloque o frango desfiado e as folhinhas de manjericão. Acrescente o leite e o requeijão cremoso. Tempere com o sal e a pimenta-do-reino, deixando no fogo até engrossar.

♪ Espinafre refogado: 1 kg de espinafre / 12 dentes de alho espremidos / 100 ml de azeite / sal e pimenta-do-reino a gosto

♪ Modo de preparo: em uma frigideira, esquente o azeite e doure o alho. Acrescente o espinafre e deixe refogar até murchar e reduzir à metade.

♪ Mandioquinha palha: 400 g de mandioquinha / óleo para fritar

♪ Modo de preparo: rale as mandioquinhas e lave bem. Frite em óleo quente até ficarem amarelinhas e crocantes.

♪ Cobertura (farofa): 800 g de farinha / 400 g de manteiga / sal e pimenta-do-reino a gosto

♪ Modo de preparo: misture a farinha e a manteiga, com as mãos, para obter uma farofa de consistência granulosa. Tempere com sal e pimenta-do-reino a gosto.

♪ Finalização: o prato pode ser montado de duas formas: 1. Disponha como base o espinafre, depois o frango refogado e por último a farofa, em um refratário único, ou em quatro individuais. Asse em forno médio, até que a cobertura esteja dourada. Sirva a mandioquinha à parte. 2. Divida a farofa em quatro partes; utilizando um aro, forme quatro discos e leve ao forno, em assadeira forrada com papel-manteiga. Depois, monte nos pratos com o aro: uma camada de espinafre, uma de frango refogado e, por último, os discos assados. Sirva com a mandioquinha em volta do prato.

♪ Rendimento: 4 porções

♪ Tempo de preparo: 1 hora

Picadinho de filé-mignon
com farofa de banana

60 g de manteiga
20 g de alho
300 g cebola
800 g de filé mignon
sal e pimenta-do-reino a gosto
150 ml de cerveja preta
350 ml de caldo de carne (opcional)
salsinha a gosto

♪ Modo de preparo: corte o filé em cubos. Refogue o alho e a cebola na manteiga. Acrescente a carne e deixe dourar até secar o líquido. Tempere com sal e pimenta. Regue com o caldo de carne e a cerveja e deixe reduzir. Junte a salsinha picada.

♪ Farofa de banana: 150 g de manteiga / 2 bananas-nanicas pequenas / 600 g de farinha de mandioca / sal e pimenta-do-reino a gosto / salsinha a gosto

♪ Modo de preparo: refogue a farinha de mandioca com metade da manteiga e deixe cozinhar por alguns minutos. Em outra panela, refogue a banana em rodelas com o restante da manteiga, e junte à farofa. Tempere com salsinha, sal e pimenta-do-reino.

♪ Ovos de codorna fritos: 30 g de manteiga / 8 ovos de codorna / sal a gosto

♪ Modo de preparo: frite os ovos na manteiga e tempere-os com sal.

♪ Finalização: disponha um montinho do picadinho de filé mignon no prato, com dois ovos de codorna fritos ao lado, complete com a farofa de banana e sirva.

♪ Rendimento: 4 porções

♪ Tempo de preparo: 45 minutos

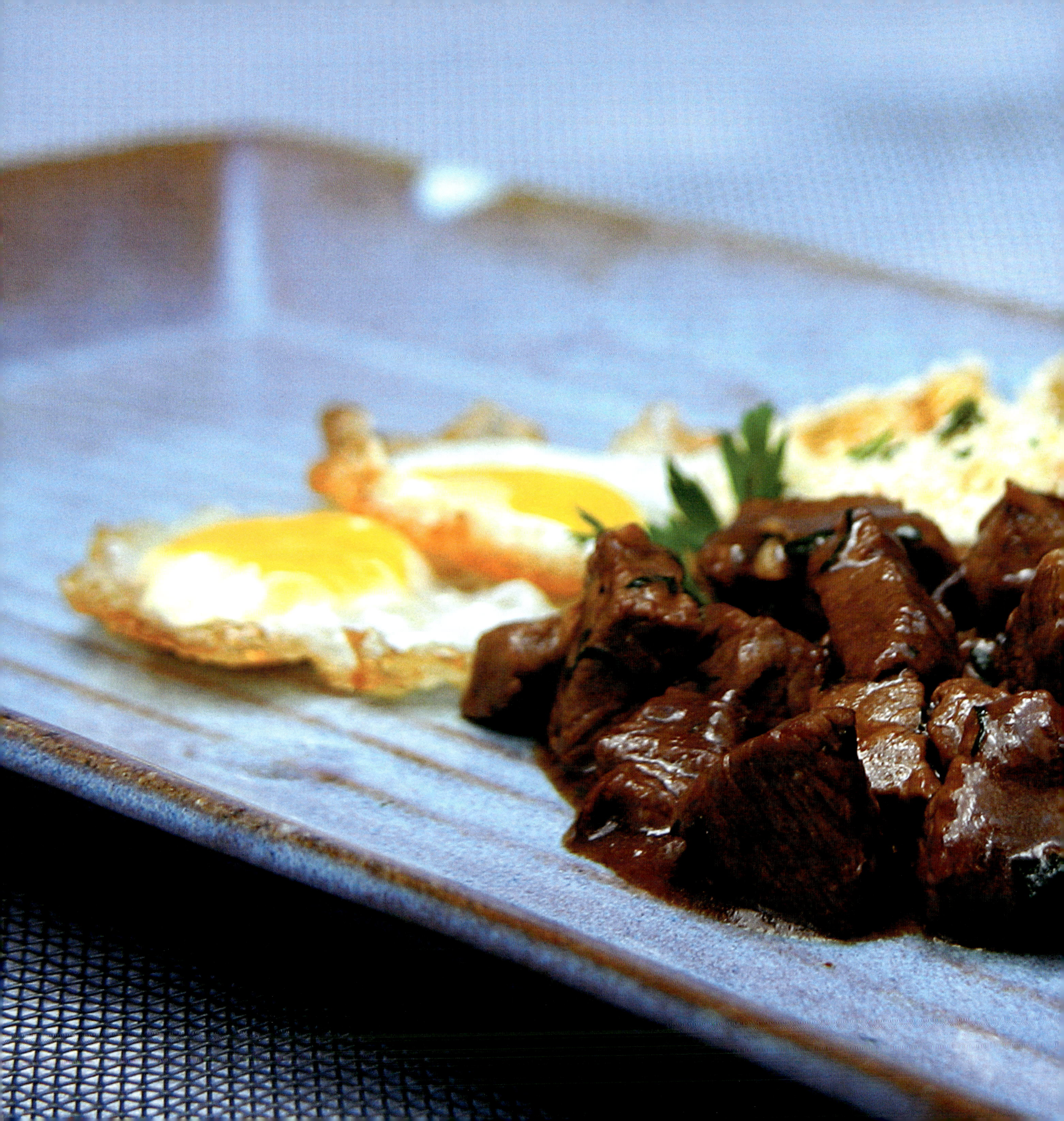

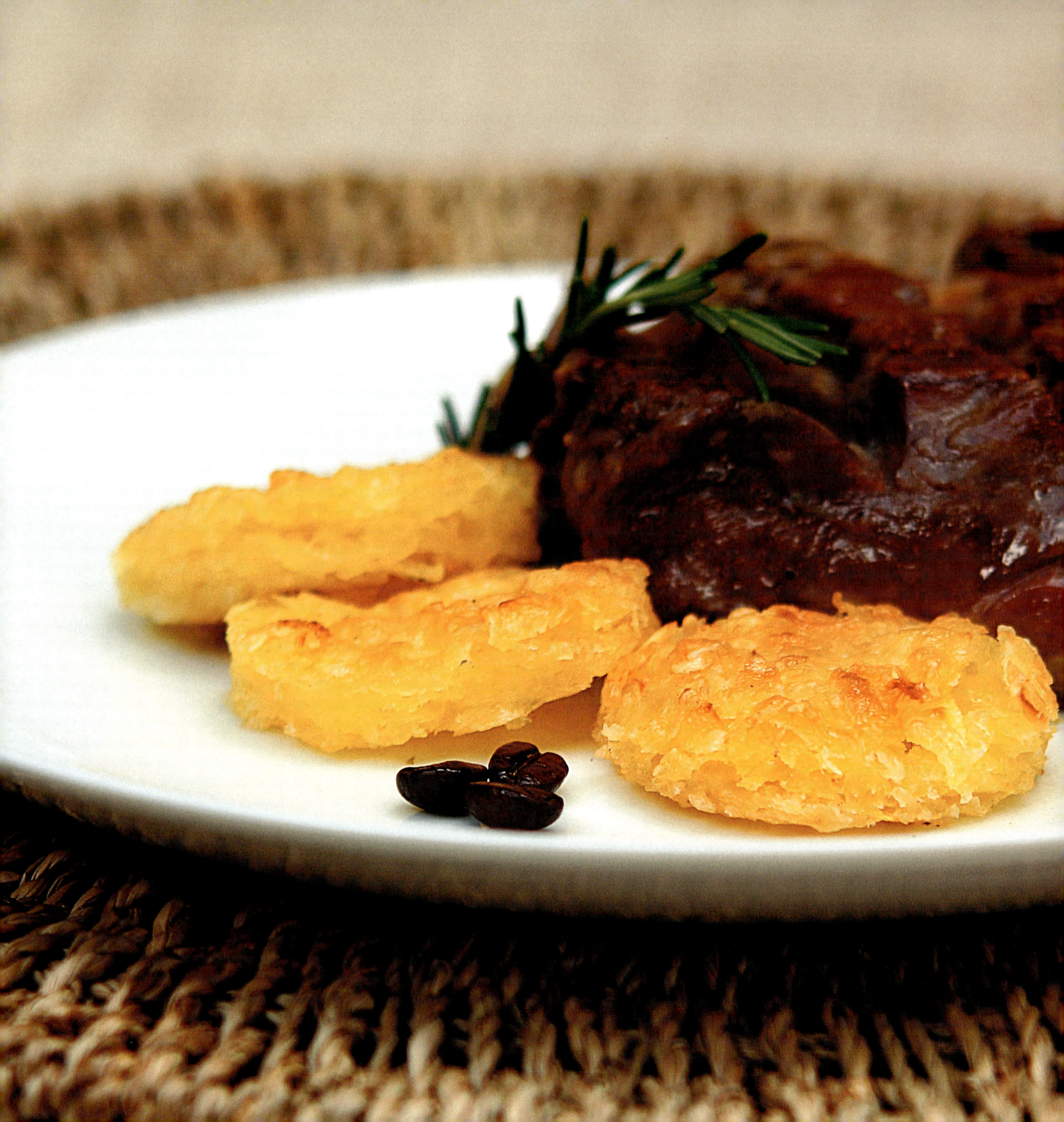

Picanha de cordeiro ao molho de café,
com *Rösti* de aipim

♪ Cordeiro:
sal e pimenta-do-reino a gosto
1 kg de picanha de cordeiro
120 ml de azeite
alecrim a gosto

♪ Modo de preparo: tempere a carne com sal, pimenta-do-reino e alecrim. Ponha para grelhar no azeite bem quente, até atingir o ponto preferido.

♪ Molho de café: 300 ml de caldo de carne / 50 ml de café (fraco) / 30 g de mel / sal e pimenta-do-reino a gosto

♪ Modo de preparo: leve ao fogo o caldo de carne e o café e deixe reduzir. Tempere com o mel, sal e pimenta-do-reino.

♪ *Rösti* de aipim: 600 g de aipim / 200 g de queijo meia cura / sal e pimenta-do-reino a gosto / 100 g de manteiga derretida

♪ Modo de preparo: rale o aipim e o queijo meia cura, e tempere com sal e pimenta-do-reino; junte a manteiga derretida, até formar uma massa. Estenda-a em uma superfície lisa e, utilizando um aro ou a boca de um copo, faça oito círculos. Leve, em assadeira, ao forno por 20 minutos.

♪ Finalização: disponha o cordeiro em um prato, regue-o com o molho de café, decore com um ramo de alecrim e acompanhe com os röstis. Se preferir, sirva o molho à parte.

♪ Rendimento: 4 porções

♪ Tempo de preparo: 45 minutos

Feijoada
completa

1 kg de feijão-preto
150 g de lombinho de porco defumado, em cubos
150 g de lingüiça calabresa em rodelas
150 g de costelinha de porco em tiras
500 g de carne-seca em cubos
200 g de toucinho defumado
4 dentes de alho espremidos
100 g de bacon em cubos
150 g de paio em rodelas
salsinha picada a gosto
2 cebolas bem picadas
1 pimenta malagueta
1 metade de laranja
2 folhas de louro
azeite para fritar
50 ml de cachaça
sal a gosto
1 cebola
1 salsão

♪ Modo de preparo: de véspera, escolha e lave bem o feijão e deixe-o de molho durante a noite. Lave a carne-seca, o toucinho defumado, o lombinho de porco e a costelinha. Deixe de molho durante a noite. No dia seguinte, troque a água do feijão e leve-o ao fogo junto com uma cebola inteira, o salsão inteiro, as folhas de louro e a metade da laranja. Tampe a panela e deixe cozinhar até o feijão ficar macio, juntando mais água, se necessário. Lave novamente as carnes de molho. Leve-as ao fogo, em panelas separadas, pois cada carne tem seu tempo de cozimento. Assim que as carnes estiverem cozidas, junte-as, com seu caldo, ao feijão. Frite o bacon em cubinhos pequenos, com um pouco de azeite e junte ao feijão. Em uma outra frigideira, frite a lingüiça e o paio no azeite e junte ao feijão. Prepare o tempero: doure o alho e a cebola no azeite, junte duas conchas do feijão e bata no liquidificador, junto com a cachaça e a pimenta-malagueta. Despeje esta mistura no caldeirão do feijão e verifique o tempero; se necessário, acrescente mais sal ou pimenta. Se as carnes ainda não estiverem cozidas, acrescente mais água para finalizar o cozimento. Se a feijoada estiver muito rala, bata mais um pouco do feijão cozido no liquidificador, para engrossá-la. Retire a laranja, o salsão e a cebola; acrescente a salsinha picada e sirva.

♪ Sugestão: sirva a feijoada com couve refogada, farofa de aipim, banana à milanesa, laranja em rodelas e torresmo.

♪ Rendimento: 10 porções

♪ Tempo de preparo: 2 dias

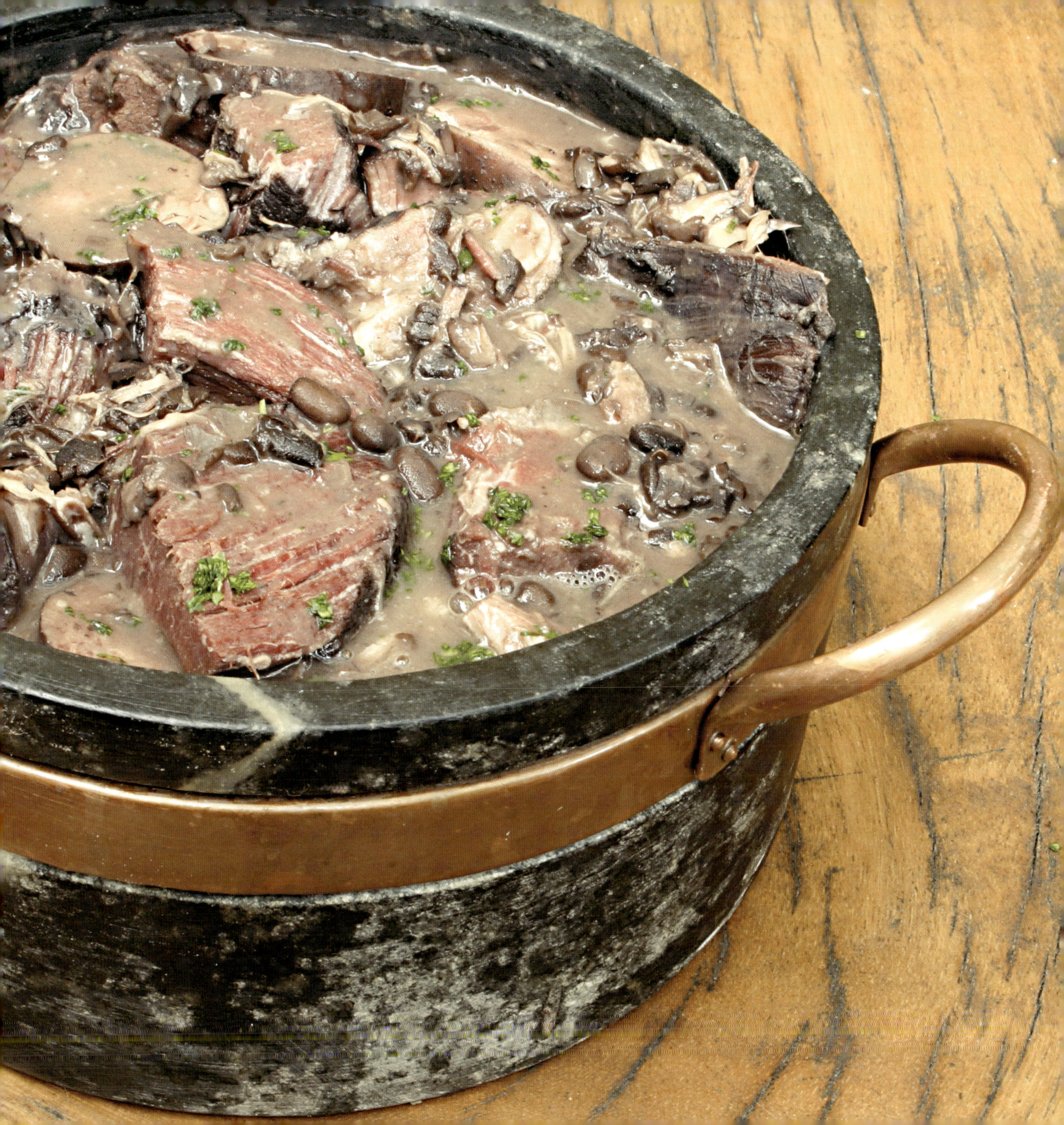

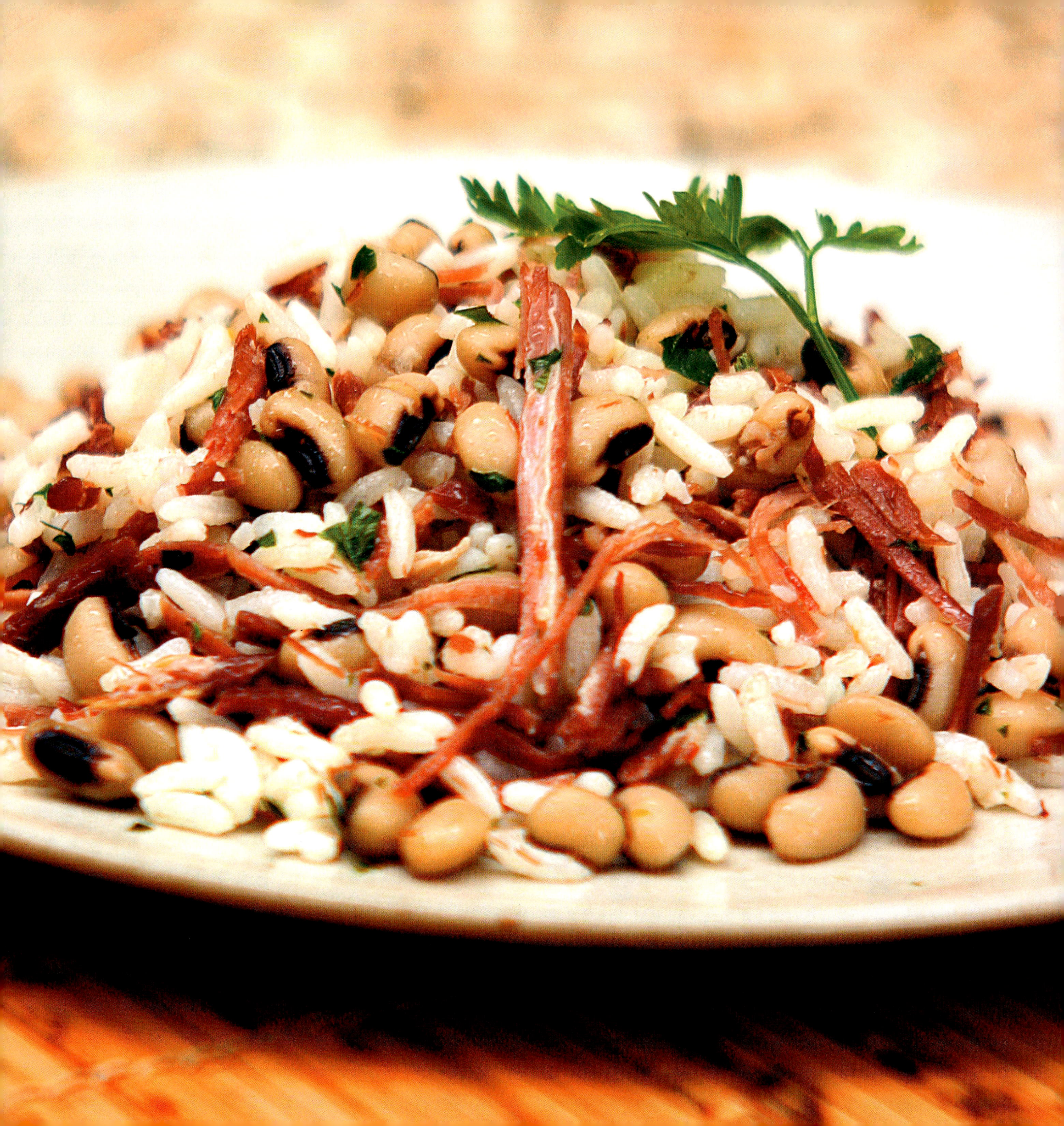

Baião-de-dois
com carne-seca

250 g de carne-seca cortada em cubos
300 g de feijão-de-corda
1 folha de louro
sal e pimenta-do-reino a gosto
100 g de toucinho picado
30 g de alho
300 g de cebola
2 tomates
300 g de arroz cozido
salsinha a gosto

♪ Modo de preparo: deixe a carne-seca de molho de um dia para o outro; cozinhe-a, trocando a água após cada fervura (repita este processo 3 vezes). Tire a gordura, desfie a carne e reserve. Cozinhe o feijão-de-corda com água, sal e uma folha de louro, até ficar macio; escorra o caldo e reserve. Frite o toucinho na sua própria gordura e, na mesma panela, refogue o alho e a cebola, a carne-seca, o tomate, a salsinha, o sal e a pimenta-do-reino. Coloque esse refogado na panela do feijão e adicione o arroz já cozido. Sirva na própria panela ou numa travessa.

♪ Rendimento: 4 porções

♪ Tempo de preparo: 2 dias

Medalhão grelhado com queijo coalho
ao molho de melado de cana

♪ **Medalhão grelhado:**
1 kg de filé-mignon (8 medalhões)
sal e pimenta-do-reino a gosto
200 g de queijo coalho
100 ml de azeite

♪ **Modo de preparo:** tempere os medalhões com sal e pimenta-do-reino. Coloque azeite numa frigideira e leve ao fogo alto para esquentar. Quando estiver bem quente, acrescente os medalhões e deixe grelhar por 2 minutos de cada lado. Retire da frigideira e reserve. Termine o cozimento no forno na hora de servir por mais 5 minutos.

♪ **Molho de melado de cana:** 100 ml de melado de cana / 600 ml de caldo de carne

♪ **Modo de preparo:** sem lavar a frigideira, coloque nela o melado de cana e o caldo de carne. Raspe o fundo com uma colher de pau, para que os resíduos da carne sejam incorporados ao molho. Deixe cozinhar até reduzir e engrossar, e reserve.

♪ **Queijo coalho grelhado:** 200 g de queijo coalho

♪ **Modo de preparo:** corte o queijo coalho em 8 fatias médias. Em uma frigideira, coloque um fio de azeite e grelhe o queijo de ambos os lados. Reserve.

♪ **Palmito pupunha refogado:** 400 g de palmito pupunha / água para cozimento / 100 ml de azeite / sal e pimenta-do-reino a gosto / salsinha a gosto

♪ **Modo de preparo:** cozinhe o palmito pupunha em água e sal. Quando estiver bem macio, desligue o fogo e deixe esfriar. Corte-o em fatias finas. Refogue-as no azeite. Tempere com sal e pimenta-do-reino. Salpique salsinha.

♪ **Finalização:** coloque os medalhões em pratos individuais, e uma fatia de queijo com o molho de melado por cima sobre cada medalhão. Guarneça com o palmito refogado e sirva.

♪ **Rendimento:** 4 porções

♪ **Tempo de preparo:** 1 hora

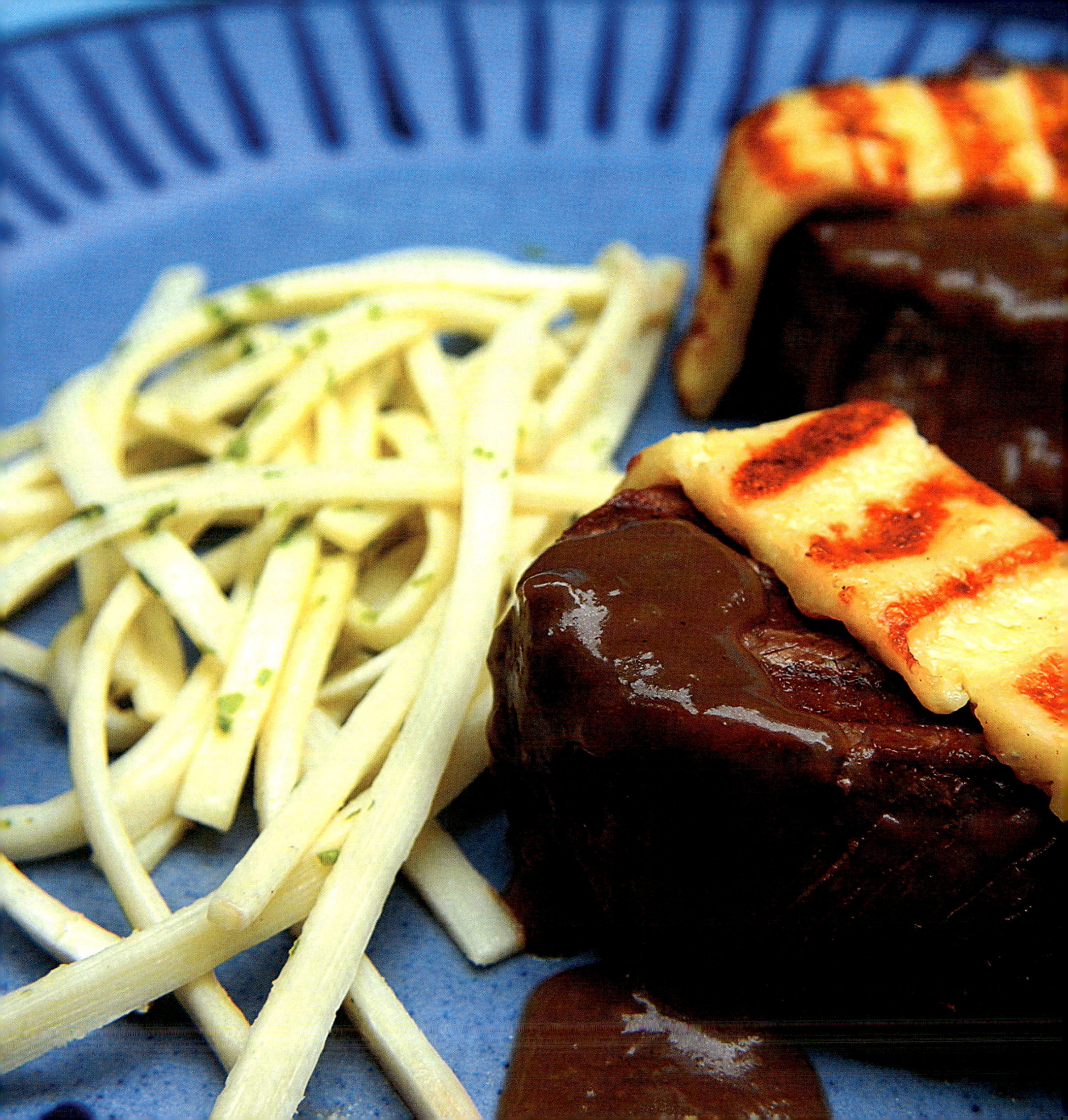

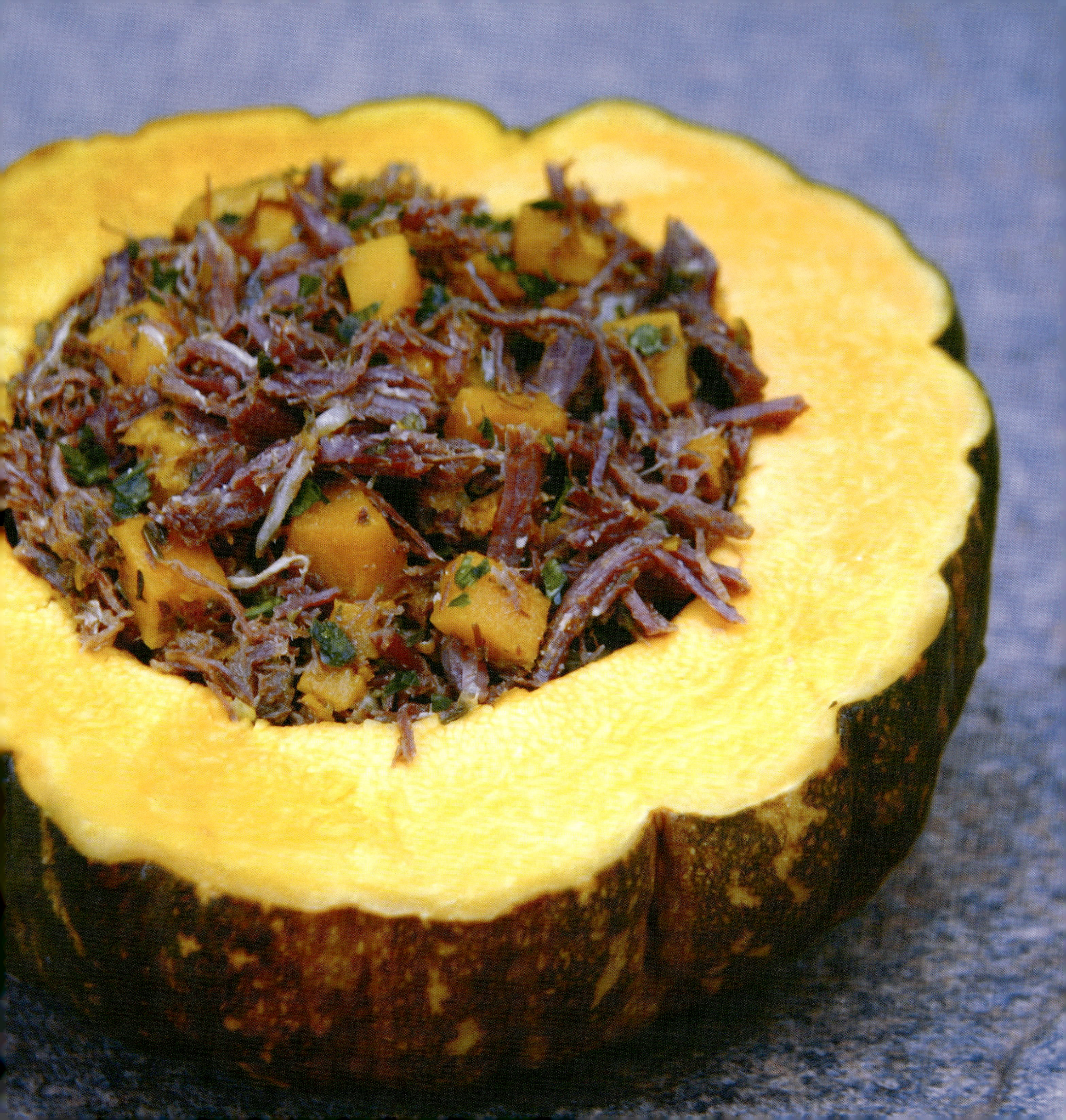

Abóbora recheada com carne-seca
acebolada sobre cama de couve

4 abóboras kabocha (abóbora japonesa) pequenas, inteiras
200 ml de manteiga de garrafa
60 g de alho
1 kg de carne-seca
400 g de cebola picada
salsinha a gosto

♪ Modo de preparo: corte as abóboras ao meio, reserve quatro metades para refogar e cozinhe as outras quatro al dente. Dessalgue a carne-seca em uma tigela com bastante água, trocando a água de hora em hora por 4 horas. Cozinhe a carne-seca numa panela de pressão com água por 30 minutos até ficar bem macia, e desfie-a. Corte as abóboras reservadas para refogar em cubos médios. Em uma frigideira, coloque um pouco da manteiga de garrafa e refogue os cubinhos de abóbora até amolecerem. Reserve. Refogue o alho com o restante da manteiga de garrafa. Junte a cebola em rodelas. Acrescente a carne-seca desfiada e bastante salsinha. Ajuste os temperos. Coloque a abóbora na panela em que está a carne refogada e misture bem. Recheie as abóboras cozidas com essa mistura.

♪ Couve refogada: 800 g de couve / 20 g de alho / 60 ml de azeite / sal e pimenta-do-reino a gosto

♪ Modo de preparo: enrole as folhas da couve e corte-as em tiras bem fininhas. Refogue o alho no azeite até ficar bem dourado. Junte a couve e refogue até murchar. Tempere com sal e pimenta-do-reino.

♪ Finalização: em pratos individuais, faça uma cama com a couve, servindo a abóbora por cima.

♪ Rendimento: 4 porções

♪ Tempo de preparo: 5 horas

Nhoque de mandioquinha
com molho de agrião

150 g de farinha de trigo
800 g de mandioquinha
sal e pimenta-do-reino
30 g de manteiga
1 ovo

♪ **Modo de preparo:** cozinhe a mandioquinha com casca, em água e sal. Depois de cozida, a descasque e leve-a ao forno por 3 minutos, para retirar toda a umidade. Amasse a mandiquinha e junte os outros ingredientes, amasse bem e divida a massa em pequenas bolinhas. Cozinhe-as em água e sal, passe pela água fria para interromper o cozimento e reserve.

♪ **Molho de agrião:** 1 kg de agrião picado / 100 g de cebola picada / 20 g de alho espremido / 30 *ml* de azeite / 300 *ml* de creme de leite fresco / sal e pimenta-do-reino a gosto

♪ **Modo de preparo:** doure o alho no azeite, acrescente a cebola e refogue até dourar. Coloque o agrião. Junte o creme de leite fresco e deixe reduzir por alguns minutos. Tempere com sal e pimenta-do-reino e bata no liquidificador e reserve.

♪ **Finalização:** sirva o nhoque com o molho de agrião por cima.

♪ **Rendimento:** 4 porções

♪ **Tempo de preparo:** 2 horas

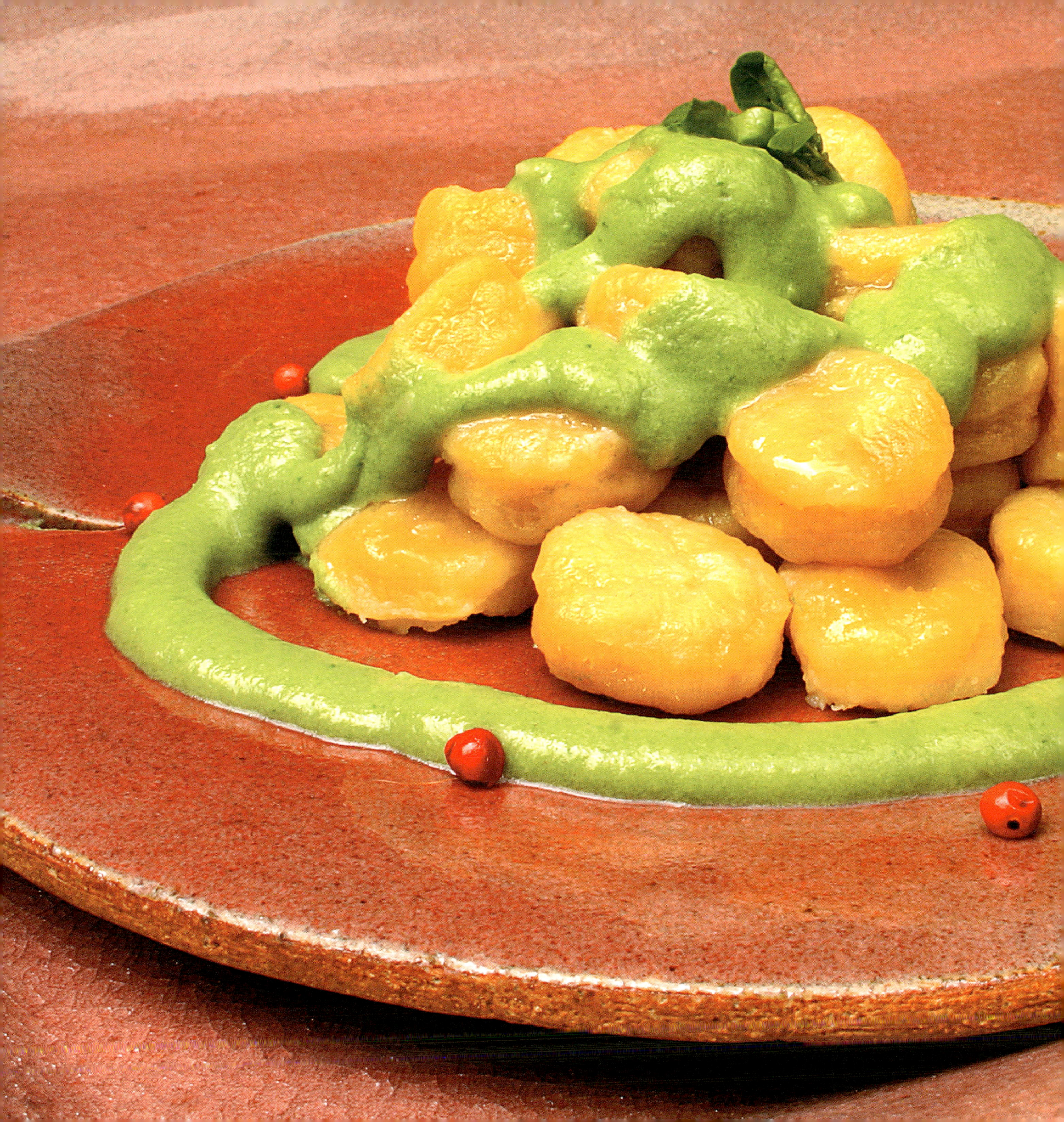

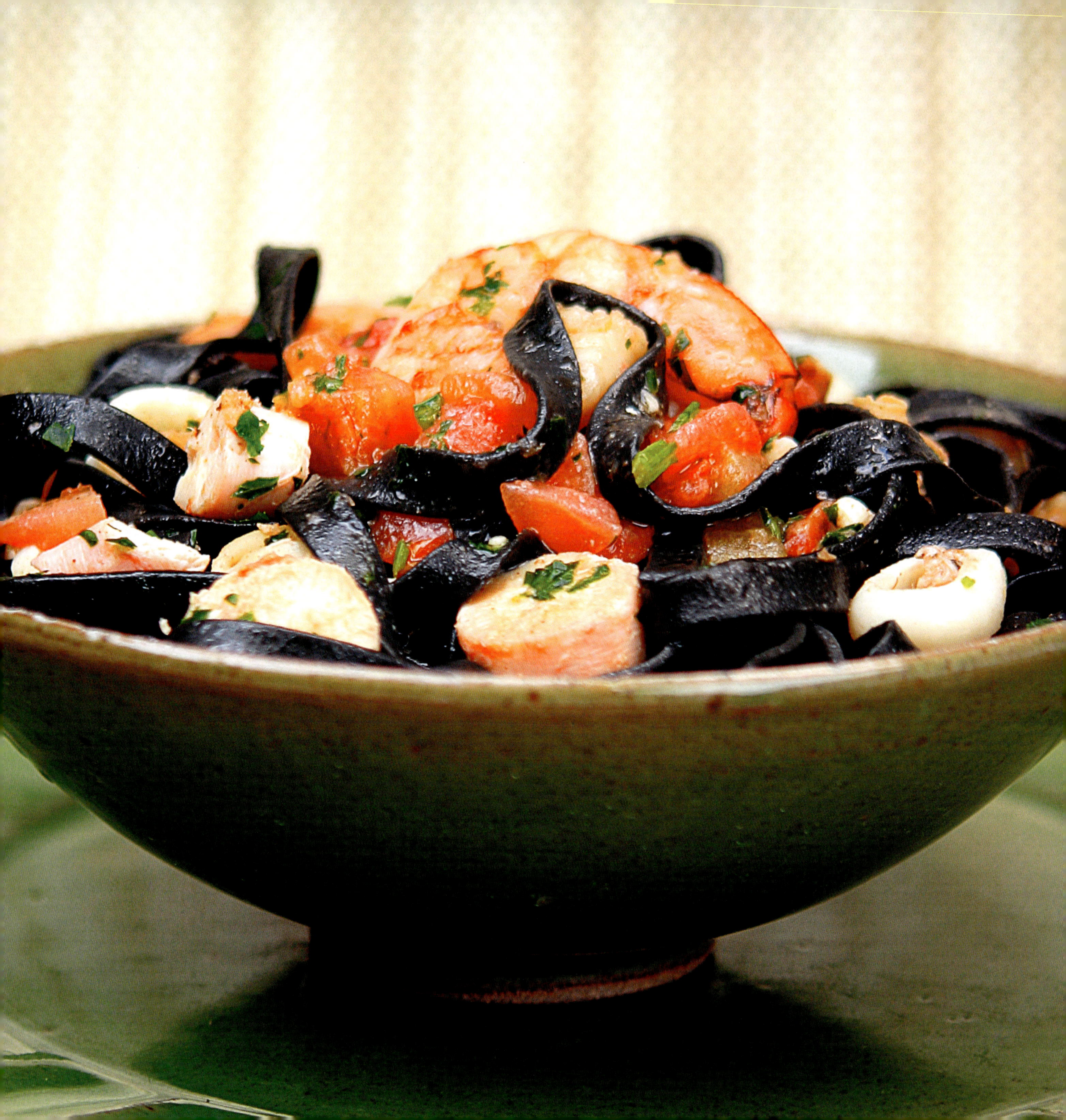

Capellini al mare
com molho de camarão, lula, mexilhão, vôngole, tomate e ervas frescas

♪ Capellini:
32 ml de tinta de lula (8 saquinhos)
600 g de farinha de trigo
10 ml de azeite
25 g de sal
6 ovos

♪ Modo de preparo: misture os ovos, a tinta de lula, o azeite e o sal. Coloque a farinha de trigo aos poucos e mexa com as mãos até a massa ficar uniforme. Abrir a massa com um rolo de macarrão. Cortar no formato de capellini e deixar secar por algumas horas.

♪ Molho: 30 ml de azeite / 20 g de alho amassado / 150 g de camarões / 150 g de lulas / 50 g de mexilhões / 50 g de vôngoles / 500 ml de vinho branco / 200 g de tomates pelados / 200 g de tomates picados / suco de 1 limão / sal e pimenta-do-reino a gosto / salsinha a gosto / manjericão a gosto

♪ Modo de preparo: doure o alho no azeite. Acrescente os camarões e deixe dourar. Junte os outros frutos do mar e refogue por alguns minutos. Acrescente o vinho, os tomates pelados, os tomates picados e o suco de limão. Tempere com sal e pimenta-do-reino. Junte a salsinha e as folhas de manjericão.

♪ Finalização: cozinhe a massa em água com sal e 1 colher de azeite até atingir o ponto *al dente*. Escorra a água e dê um choque de água fria para interromper o cozimento. Acrescente o molho à massa e sirva.

♪ Rendimento: 4 porções

♪ Tempo de preparo: 3 horas

Vieiras grelhadas
acompanhadas de risoto de caipirinha

800 g de vieiras (sem o coral)
sal e pimenta-do-reino a gosto
suco de 1 limão
100 ml de azeite

♪ **Modo de preparo:** tempere as vieiras com limão, sal e pimenta-do-reino, e reserve. Em uma frigideira bem quente, aqueça o azeite e grelhe as vieiras. Reserve.

♪ **Risoto de caipirinha:** 2 l de caldo de legumes / 1 cebola picada / 60 g de manteiga / 240 g de arroz arbório / 120 ml de cachaça / limão / sal e pimenta-do-reino a gosto

♪ **Modo de preparo:** coloque o caldo de legumes no fogo até ferver. Refogue a cebola em uma colher de manteiga. Acrescente o arroz e deixe cozinhar, por uns 2 minutos, mexendo sempre. Acrescente a cachaça e mexa até evaporar. Junte uma concha de caldo de legumes (que deve estar bem quente) e mexa bem. Assim que o caldo secar, junte mais uma concha e repita esse procedimento até acabar o caldo, por cerca de 20 minutos. Verifique a textura do risoto. Se estiver muito al dente adicione um pouco de água, se já estiver no ponto desejado, junte o suco e as raspas de limão. Desligue o fogo e acrescente a outra colher de manteiga.

♪ **Finalização:** disponha as vieiras grelhadas sobre o risoto, e guarneça com rodelas de limão, em uma travessa ou em pratos individuais.

♪ **Rendimento:** 4 pessoas

♪ **Tempo de preparo:** 1 hora

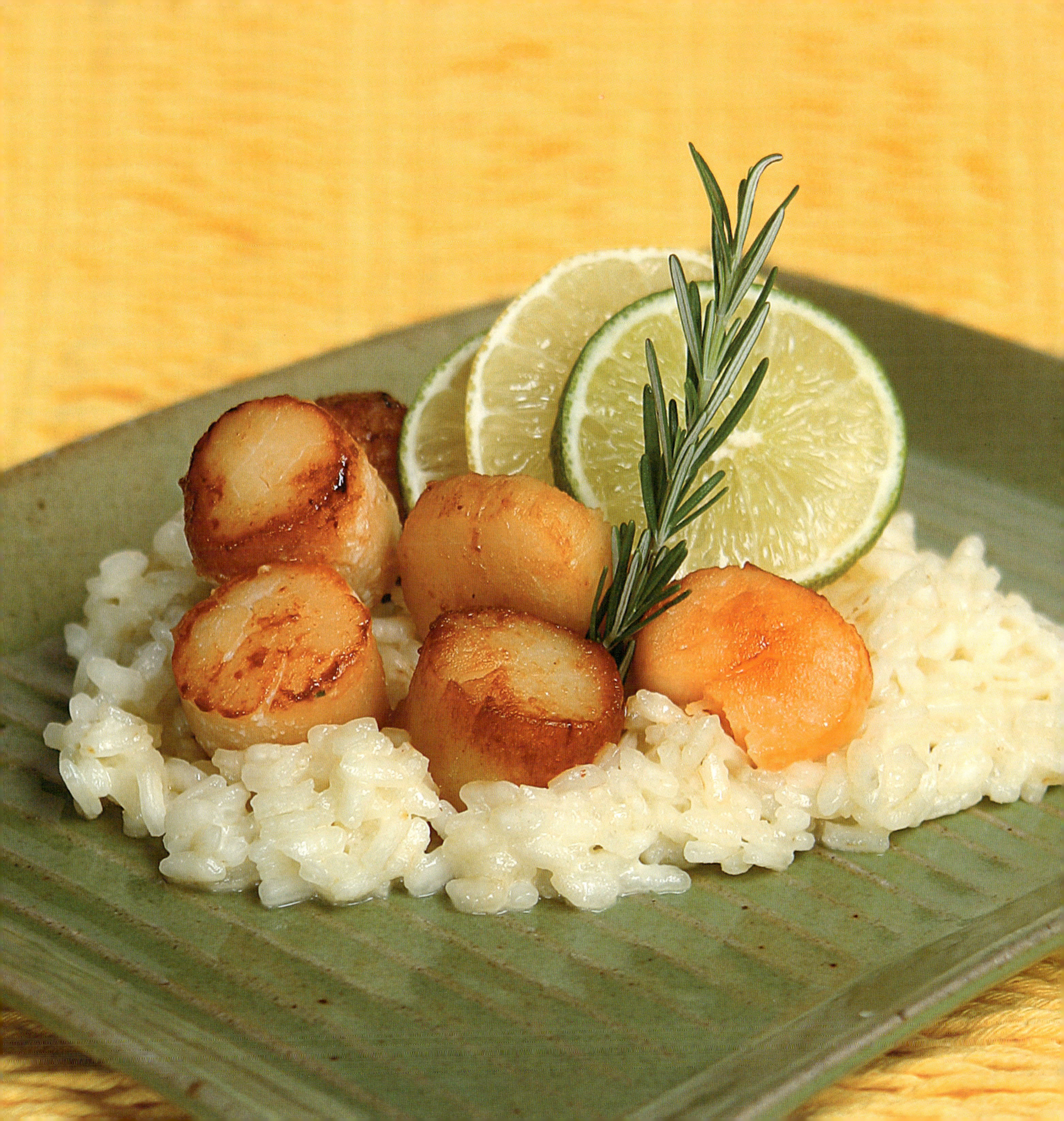

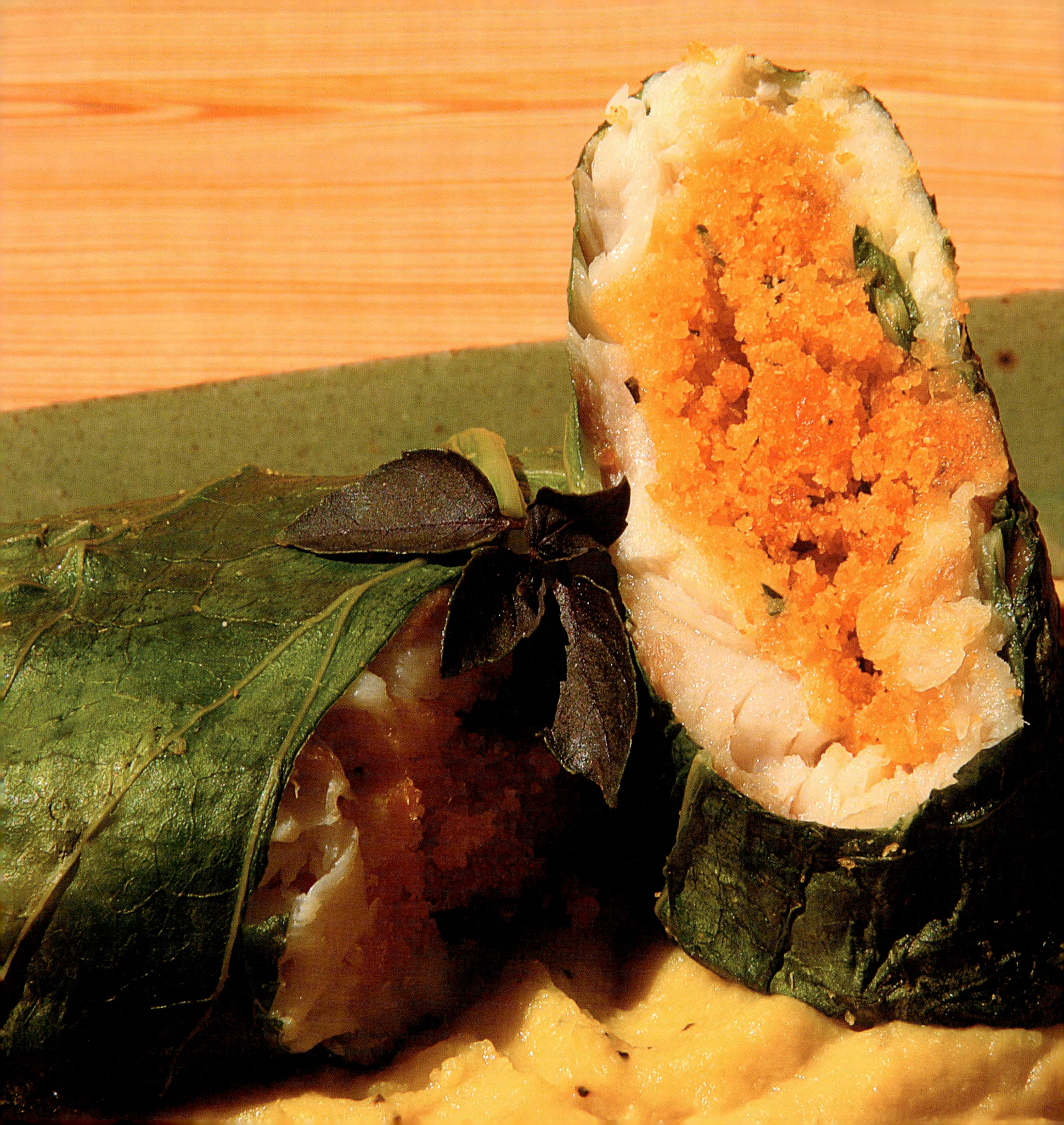

Badejo recheado com farofa de camarão,
envolto em couve, com purê de banana-da-terra

600 g de badejo em filés
4 folhas de couve pré-cozidas para a finalização
sal e pimenta-do-reino a gosto
suco de 1 limão
papel-alumínio

♪ Modo de preparo: tempere os filés com sal, limão e pimenta-do-reino, e reserve.

♪ Farofa de camarão: 100 ml de azeite / 10 g de alho espremidos / 200 g de cebola / 300 g de camarões pequenos, sem casca / 100 ml de molho de tomate / salsinha a gosto / 300 g de farinha de mandioca / sal e pimenta-do-reino a gosto

♪ Modo de preparo: em uma frigideira, aqueça o azeite e refogue o alho e a cebola; coloque os camarões e deixe cozinhar alguns minutos. Acrescente o molho de tomate, a salsinha e, aos poucos, a farinha de mandioca. Tempere com sal e pimenta-do-reino.

♪ Purê de banana-da-terra: 4 bananas-da-terra (bem maduras) / 200 ml de leite / 120 ml de leite de coco / 1 colher (café) de gengibre / 100 g de mel / 120 ml de creme de leite / sal e pimenta-do-reino a gosto

♪ Modo de preparo: cozinhe as bananas-da-terra até ficarem macias. No liquidificador, misture o leite, o leite de coco, o gengibre e o mel. Leve novamente ao fogo e misture o creme de leite. Deixe cozinhar por alguns minutos. Tempere com sal e pimenta-do-reino.

♪ Finalização: corte as folhas de couve ao meio e coloque sobre cada uma delas um filé de badejo. Espalhe a farofa por cima e enrole cada unidade com a própria folha de couve, como um rocambole. Regue com um fio de azeite e feche-as com o papel-alumínio; leve ao forno por cerca de 15 minutos. Para servir, disponha o purê de banana-da-terra no centro do prato; corte o rocambole de peixe na transversal e coloque as fatias sobre o purê.

♪ Rendimento: 4 porções

♪ Tempo de preparo: 1 hora e 30 minutos

Linguado grelhado
com pinhão e salada verde

4 filés de linguado (800 g)
sal e pimenta-do-reino a gosto
azeite para grelhar
suco de 1 limão

♪ Modo de preparo: tempere os filés de linguado com sal, limão e pimenta-do-reino. Grelhe-os no azeite.

♪ Pinhão refogado: 200 g de pinhão / 60 g de manteiga sem sal / salsinha a gosto / sal a gosto

♪ Modo de preparo: cozinhe os pinhões numa panela de pressão com água e sal por cerca de 30 minutos. Descasque-os e refogue-os na manteiga. Salpique salsinha e sal.

♪ Salada verde: alface crespa / alface lisa / rúcula / agrião

♪ Modo de preparo: lave bem as folhas e tempere-as com molho à base de limão e azeite.

♪ Finalização: disponha a salada em uma metade do prato e o peixe na outra, coberto pelos pinhões.

♪ Rendimento: 4 porções

♪ Tempo de preparo: 1 hora

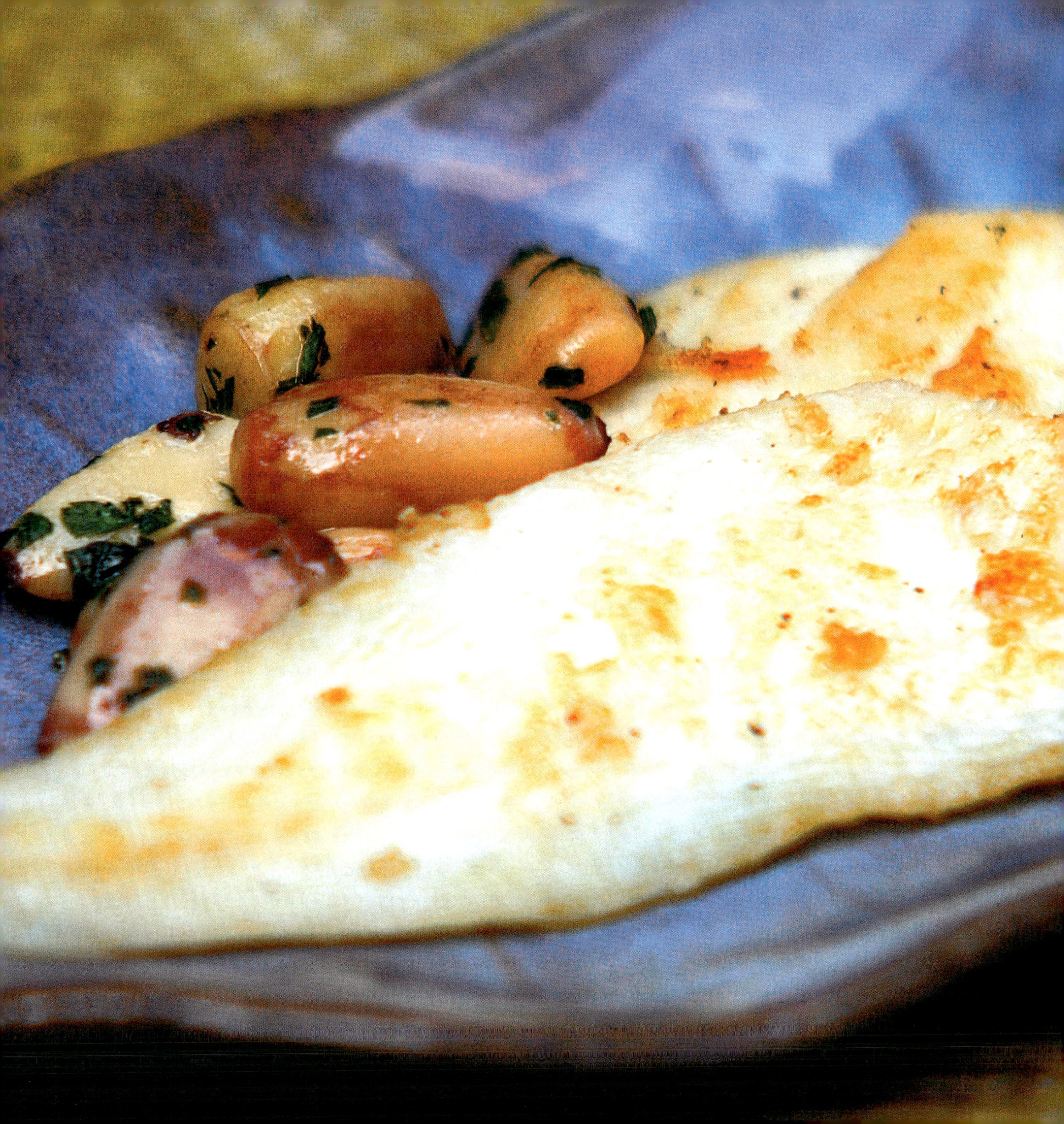

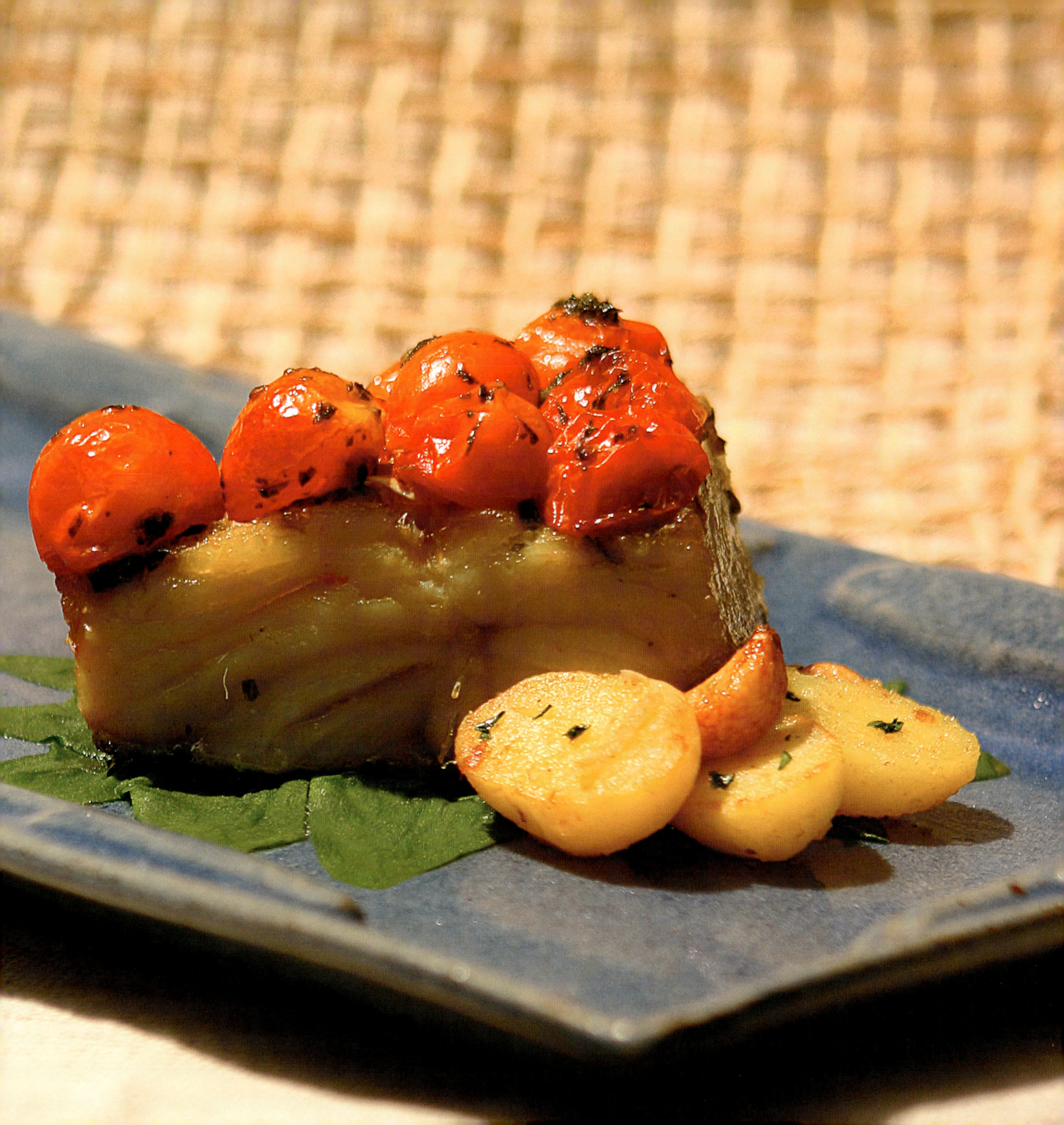

Filé alto de bacalhau assado, com tomatinho *confit*,
espinafre refogado e batatas coradas

♪ Bacalhau assado:
1 kg de lombo de bacalhau dessalgado de véspera
24 tomatinhos-pêra
1 l de leite

♪ Pesto de salsinha:
sal e pimenta-do-reino a gosto
200 g de salsinha
600 ml de azeite
suco de 1 limão

♪ Modo de preparo: cozinhe o bacalhau no leite por cerca de 40 minutos. Enquanto isso, misture os ingredientes do pesto no liquidificador. Coloque o bacalhau em uma assadeira, regue com parte do pesto de salsinha e cubra com metades de tomatinhos-pêra. Asse por cerca de 15 minutos.

♪ Espinafre refogado: 60 g de alho espremido / 100 ml de azeite / 800 g de folhas de espinafre / sal e pimenta-do-reino a gosto

♪ Modo de preparo: refogue o alho no azeite até ficar bem dourado. Coloque as folhas de espinafre inteiras e deixe murchar. Tempere com sal e pimenta-do-reino e reserve.

♪ Batatas coradas: 300 g de batatas bolinha / 100 ml de azeite / salsinha a gosto / sal a gosto

♪ Modo de preparo: cozinhe as batatas com casca até ficarem macias. Retire as cascas e corte-as ao meio. Em uma frigideira, esquente o azeite e doure as batatas. Junte a salsinha e o sal.

♪ Finalização: forre um prato com as folhas de espinafre e coloque o filé de bacalhau. Contorne com as batatas coradas e regue o peixe com o pesto restante.

♪ Rendimento: 4 porções

♪ Tempo de preparo: 1 hora

Robalo com crosta de castanha-de-caju,
vatapá e mandioquinha refogada

800 g de robalo (filé alto)
sal e pimenta-do-reino a gosto
azeite para grelhar
suco de 1 limão

♪ Crosta de castanha-de-caju: 200 g de castanha-de-caju–xerém / 150 g de manteiga sem sal / 200 g de farinha de pão (feitas com torradas caseiras, de preferência) / sal e pimenta-do-reino a gosto

♪ Modo de preparo: tempere o robalo com limão, sal, pimenta-do-reino e um fio de azeite e reserve. Misture todos os ingredientes da crosta de castanha-de-caju, até formar uma farofa grossa. Coloque essa farofa por cima do peixe temperado e leve ao forno em assadeira por 25 minutos a 180 °C.

♪ Vatapá: 50 g de pães amanhecidos, em rodelas / 1 *l* de leite / 2 colheres de sopa de azeite de dendê / 10 g de alho espremido / 200 g de cebola picada / 50 g de pimentão vermelho picado / 50 g de pimentão amarelo picado / 200 g de camarões frescos sem casca / 200 *ml* de leite de coco / 30 g de tomates picados / 20 g de amendoim / 30 g de castanhas de caju / 10 g de gengibre ralado / sal e pimenta-do-reino a gosto

♪ Modo de preparo: mergulhe os pães no leite, dentro de uma tigela, por 15 minutos. Em uma frigideira, aqueça o azeite de dendê, refogue o alho até ficar bem dourado e junte a cebola. Acrescente os pimentões e os camarões e deixe cozinhar, por alguns minutos. Junte o leite de coco. Coloque os tomates picados, o amendoim, a castanha-de-caju e o gengibre. Tempere com sal e pimenta-do-reino. Misture tudo com o pão embebido de leite, no liquidificador. Vá batendo aos poucos, dando intervalos, pois os ingredientes formarão uma massa grossa, difícil de ser batida (se necessário, acrescente um pouco de água). Coloque a mistura do liquidificador na panela e mexa muito bem. Leve ao fogo e cozinhe por mais alguns minutos, sem parar de mexer, para não ferver.

♪ Mandioquinha *sautée*: 400 g de mandioquinha / água para cozimento / 2 colheres (sopa) de manteiga / sal e pimenta-do-reino a gosto / salsinha a gosto

♪ Modo de preparo: corte a mandioquinha em rodelas. Cozinhe em água com sal. Assim que estiver *al dente*, desligue o fogo. Em uma frigideira, derreta a manteiga para saltear a mandioquinha. Acrescente a salsinha, o sal e a pimenta-do-reino.

♪ Finalização: disponha o vatapá como base, no centro do prato. Coloque o robalo sobre ele e contorne com a mandioquinha.

♪ Rendimento: 4 porções

♪ Tempo de preparo: 1 hora e 30 minutos

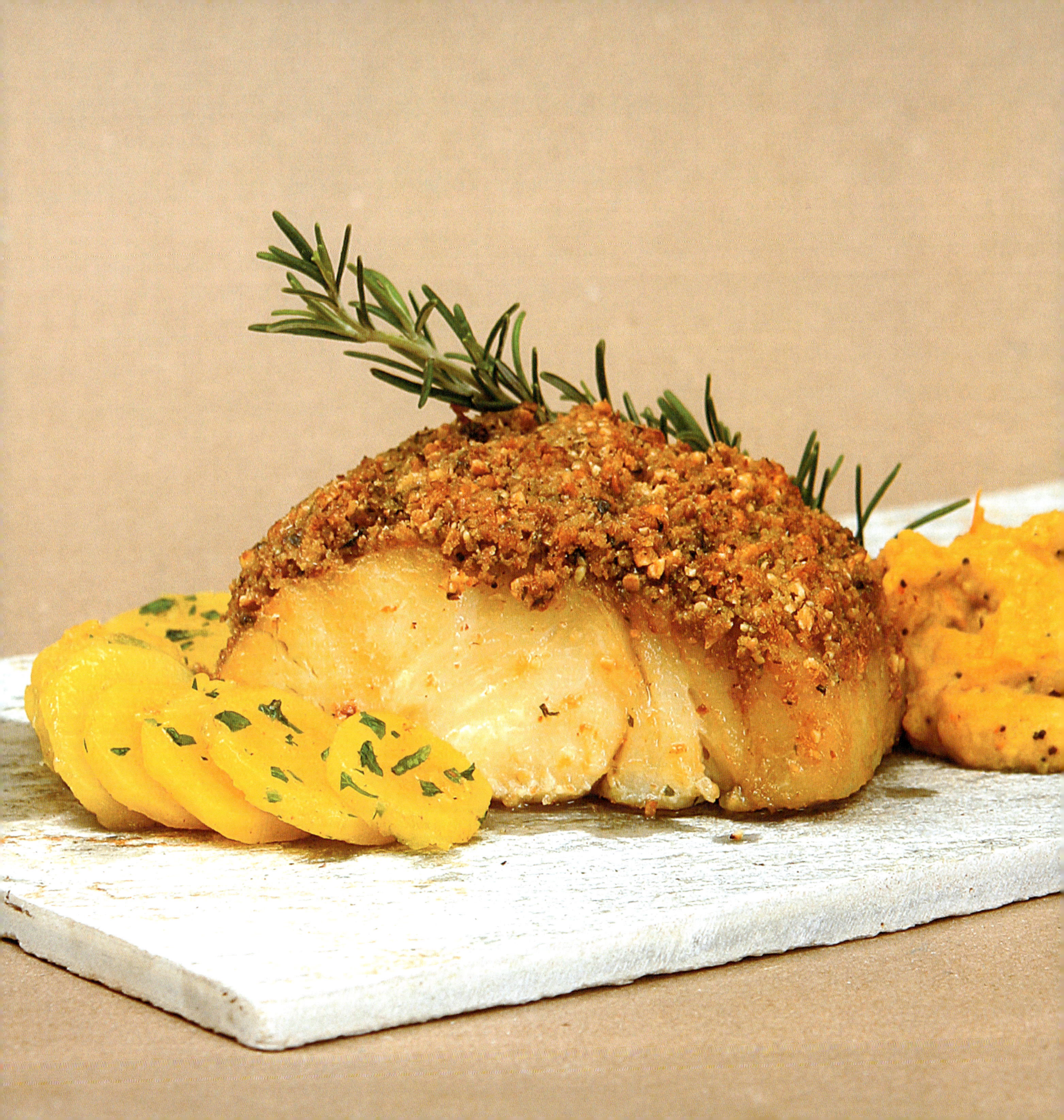

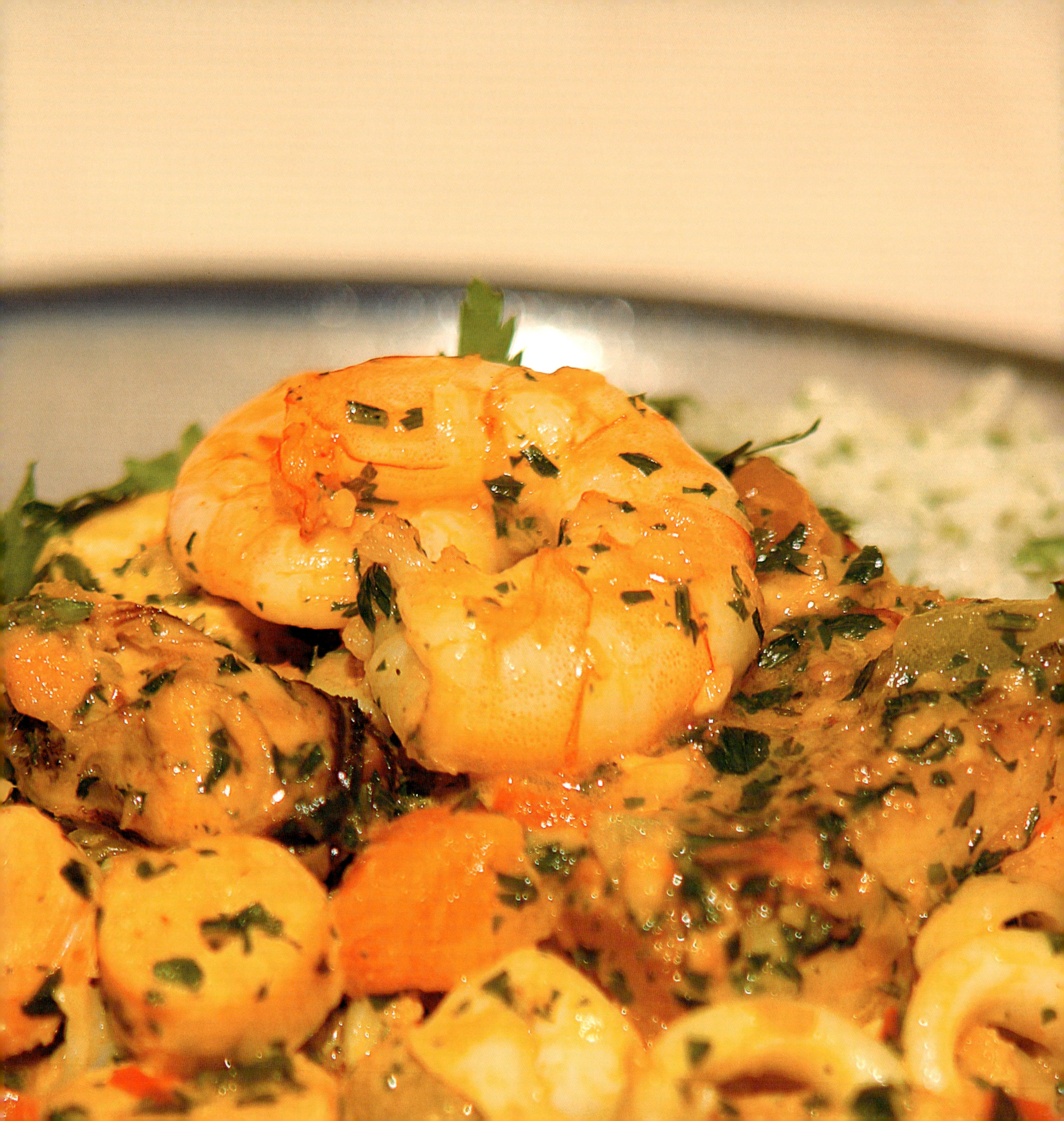

Moqueca de frutos do mar,
acompanhada de arroz com coco

200 g de filé de badejo
200 g de lulas em anéis (rodelas)
200 g de camarões médios limpos
120 g de polvo em cubos já cozidos
120 g de vôngole limpo
2 colheres (sopa) de azeite de dendê
sal e pimenta-do-reino a gosto
4 dentes de alho espremidos
250 g de cebola
120 g de pimentão vermelho
120 g de pimentão amarelo
200 ml de leite de coco
200 g de tomate
suco de 1 limão
salsinha a gosto
pimenta dedo de moça a gosto

♪ Modo de preparo: tempere os filés de badejo com limão, sal e pimenta-do-reino e reserve-os. Em uma frigideira, aqueça o azeite de dendê e refogue o alho e a cebola. Coloque os pimentões cortados em cubos e deixe cozinhar alguns minutos. A seguir, acrescente os camarões, refogue e então junte o filé de badejo cortado em 4, já temperado. Adicione então o leite de coco, cozinhe por 5 minutos; junte o restante dos frutos do mar, cozinhe por mais 3 minutos, tempere com sal e pimenta dedo de moça e finalize com o tomate e a salsinha.

♪ Arroz com coco: 300 g de arroz branco cozido / 150 ml de leite de coco / 100 g de coco ralado / sal a gosto / salsinha a gosto

♪ Modo de preparo: em uma panela, misture o leite de coco e o coco ralado no arroz já cozido. Ajuste o sal e salpique a salsinha picada.

♪ Finalização: disponha a moqueca ao lado do arroz de coco, em uma travessa ou em pratos individuais.

♪ Rendimento: 4 porções

♪ Tempo de preparo: 1 hora

Medalhão de robalo com surubim defumado,
purê de abóbora, couve frita e pimenta-de-cheiro

160 g de carpaccio de surubim defumado
8 medalhões de robalo (1 kg)
sal e pimenta-do-reino a gosto
100 ml de azeite
suco de 1 limão

♪ Modo de preparo: tempere os medalhões com limão, sal e pimenta-do-reino. Em uma frigideira, aqueça bem o azeite e grelhe os medalhões. Corte o surubim defumado em 8 tiras finas e enrole-as no medalhão grelhado.

♪ Purê de abóbora: 800 g de abóbora / água para cozimento / 200 ml de leite / 100 g de manteiga / sal e pimenta-do-reino a gosto

♪ Modo de preparo: cozinhe a abóbora em água com sal. Assim que estiver macia, bata-a no liquidificador, aos poucos, com o leite. Leve novamente ao fogo, acrescente a manteiga e tempere com sal e pimenta-do-reino.

♪ Couve frita: 200 g de couve / óleo para fritura / sal a gosto / 1 pimenta-de-cheiro para decorar

♪ Modo de preparo: corte a couve em tirinhas bem finas e frite no óleo quente com sal.

♪ Finalização: disponha os medalhões no centro do prato, cubra-os de couve frita e enfeite com o purê de abóbora e rodelas da pimenta-de-cheiro.

♪ Rendimento: 4 porções

♪ Tempo de preparo: 1 hora

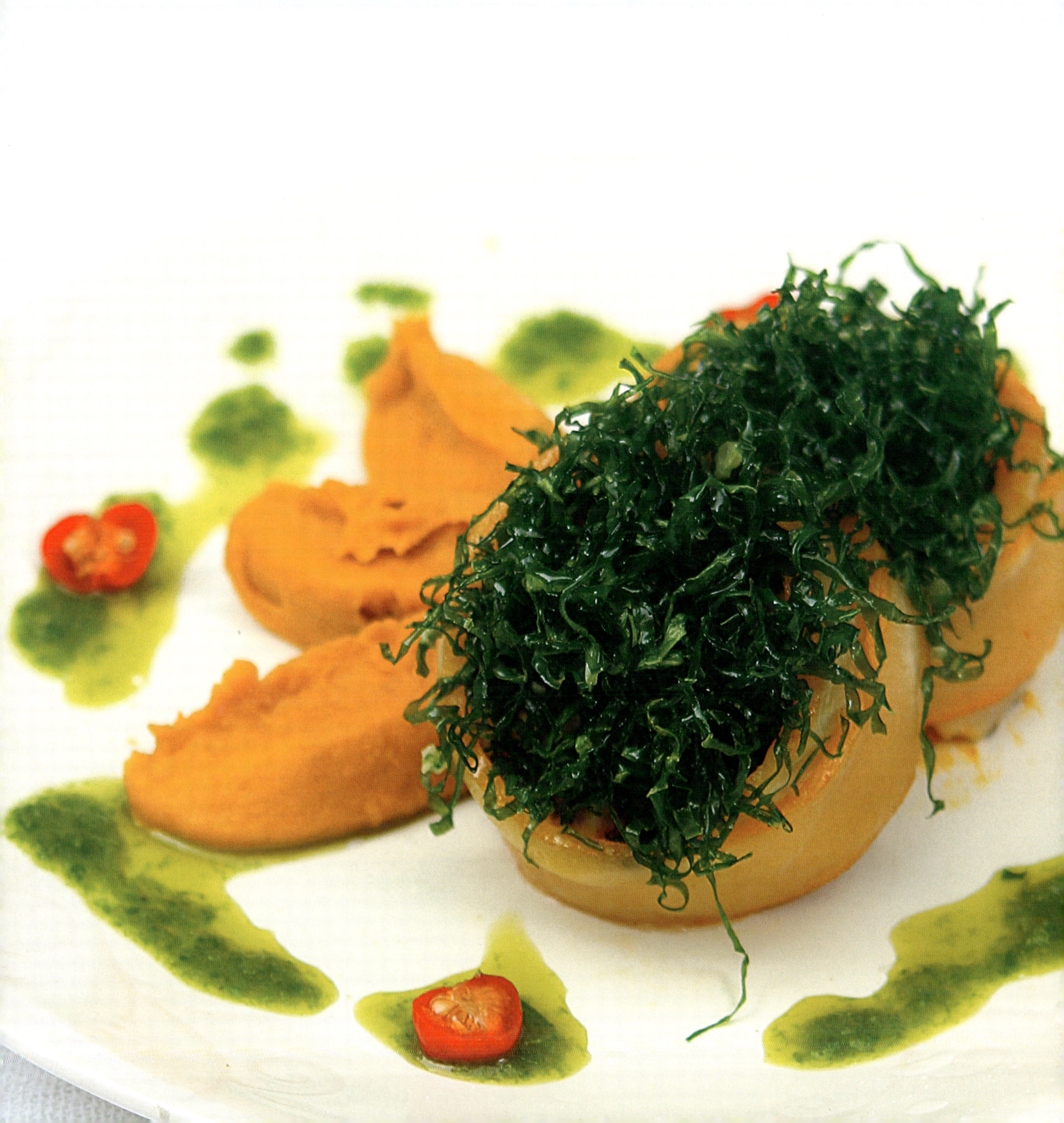

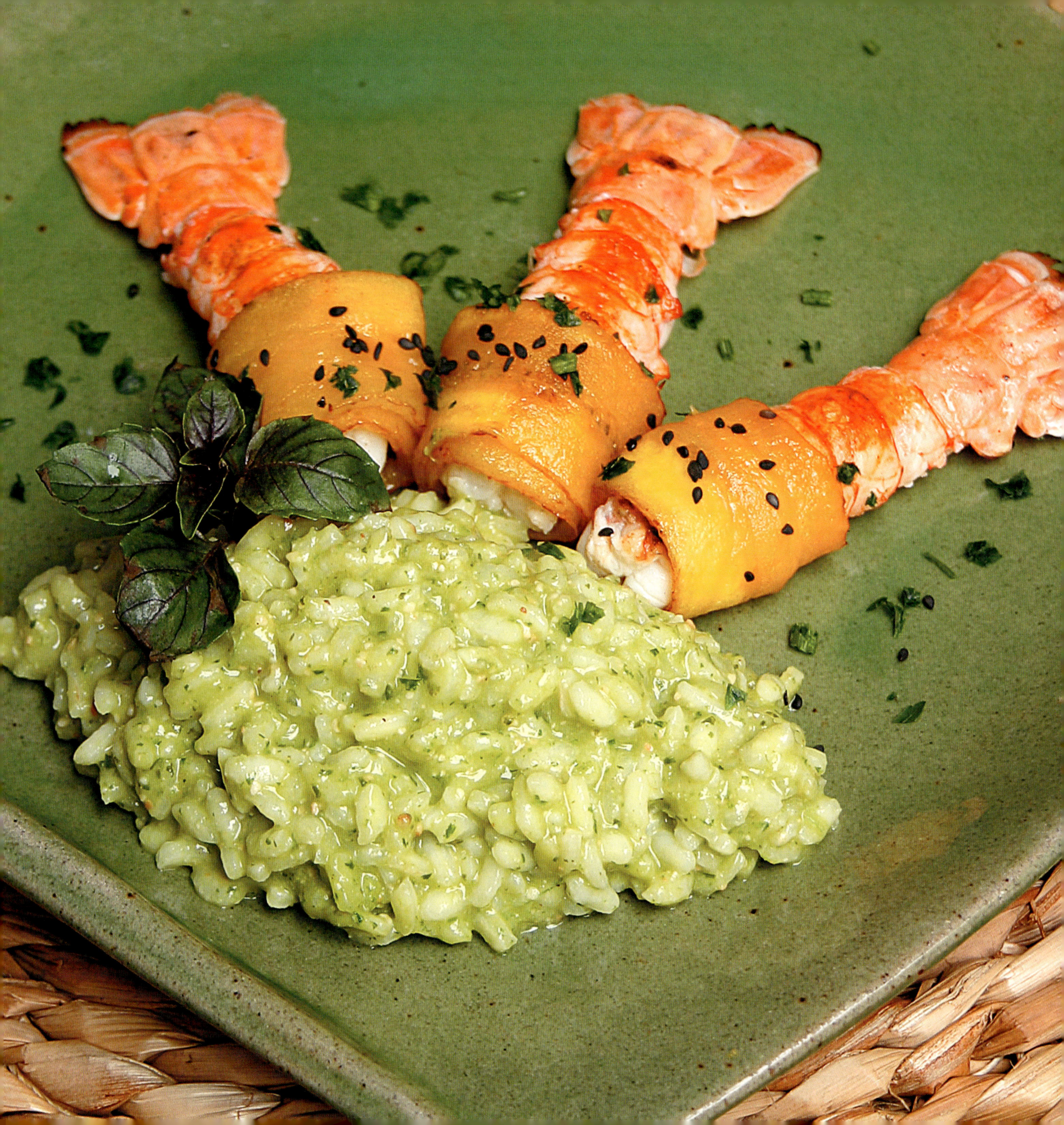

Lagostim grelhado com banana-da-terra,
acompanhado de risoto de ervas

12 lagostins grandes limpos, mas com a cauda
2 bananas-da-terra (bem maduras)
sal e pimenta-do-reino a gosto
100 ml de azeite
suco de 1 limão

♪ Modo de preparo: tempere o lagostim com sal, pimenta-do-reino e limão. Em uma frigideira bem quente, aqueça o azeite e grelhe bem os lagostins. Reserve. Corte a banana-da-terra em fatias finas e grelhe no azeite. Enrole a banana no lagostim grelhado.

♪ Risoto de ervas: 2 *lt* de caldo de legumes / 250 g de cebola picada / 60 g de manteiga / 240 g de arroz arbório / 200 *ml* de vinho branco / 50 g de ervas frescas (manjericão e salsinha) picadas

♪ Modo de preparo: refogue a cebola em 1 colher de manteiga. Acrescente o arroz e deixe cozinhar por uns 2 minutos, mexendo sempre. Acrescente o vinho e mexa até evaporar. Junte uma concha de caldo de legumes (que deve estar bem quente) e mexa bem. Assim que o caldo secar, junte mais uma concha e repita esse procedimento, até acabar o caldo, por cerca de 20 minutos. No final, junte as ervas frescas e a outra colher de manteiga, tempere com sal e pimenta-do-reino.

♪ Finalização: sirva os lagostins lado a lado, com o risoto decorado com um ramo de manjericão.

♪ Rendimento: 4 porções

♪ Tempo de preparo: 1 hora e 30 minutos

Frigideira de siri

100 ml de azeite
30 g de alho
300 g de cebola
100 g de pimentão vermelho
50 g de pimentão amarelo
50 g de pimentão verde
600 g de carne de siri limpa
500 ml de leite de coco
sal e pimenta-do-reino a gosto
salsinha a gosto
3 ovos

♪ Modo de preparo: refogue o alho, o sal, a pimenta-do-reino e a cebola no azeite. Use salsinha ou coentro, se preferir. Junte os pimentões e refogue por alguns minutos. Acrescente a carne de siri e deixe cozinhar, por mais alguns minutos. Acrescente o leite de coco e cozinhe por uns 5 minutos. Na batedeira, bata as claras em neve. Junte as gemas e continue batendo até obter uma mistura homogênea. Despeje metade dos ovos batidos no refogado de siri e misture bem. Acrescente a outra metade para cobrir sem misturar. Leve ao forno e asse por cerca de 30 minutos, ou até que fique dourado.

♪ Rendimento: 4 porções

♪ Tempo de preparo: 1 hora e 30 minutos

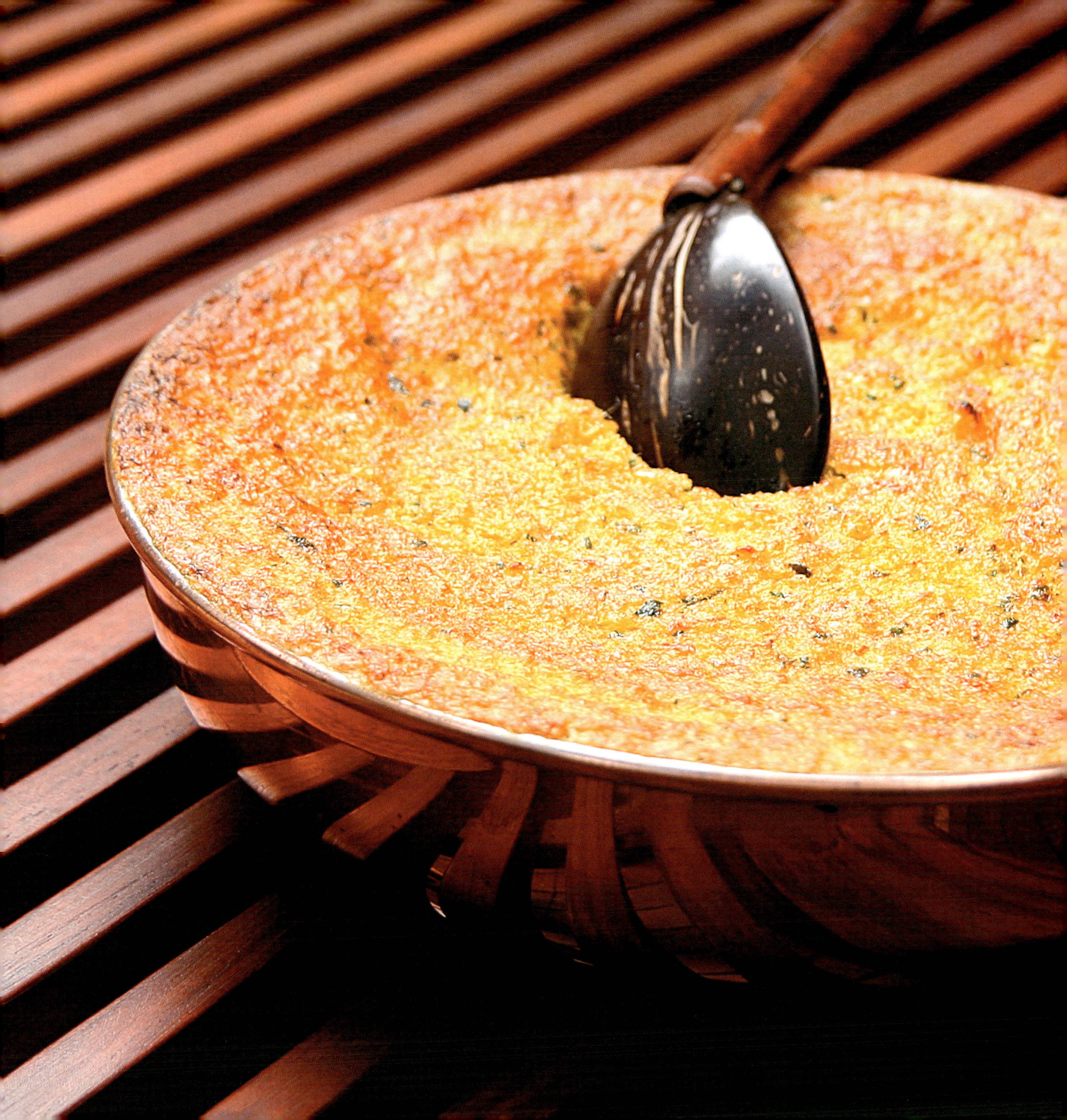

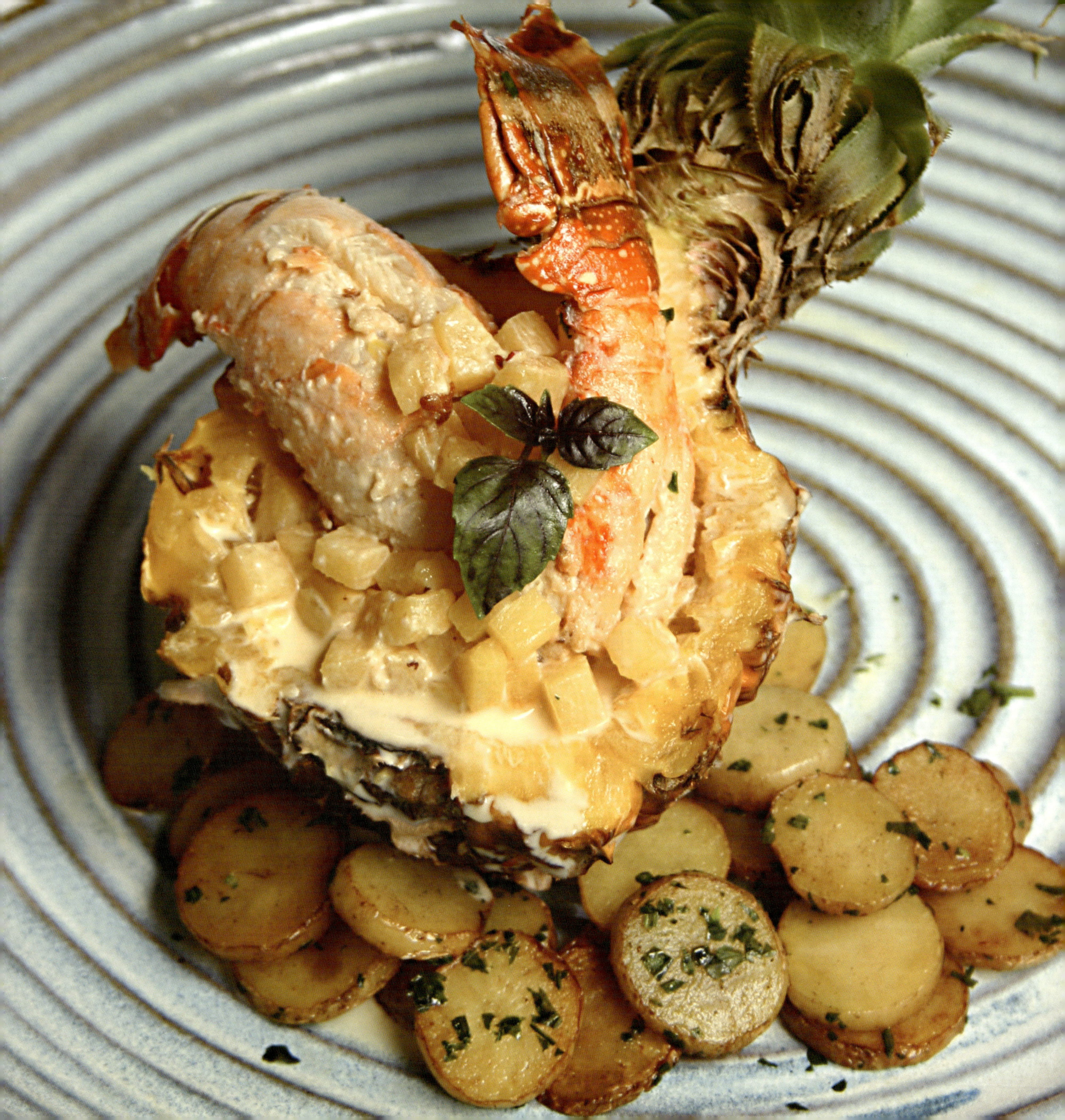

Lagosta gratinada no abacaxi,
acompanhada de batatas *sautées*

12 caudas de lagostas limpas
2 limões
sal e pimenta-do-reino a gosto
2 abacaxis
60 g de manteiga
30 g de alho
150 g de cebola
60 ml de vodca
manjericão a gosto
400 ml de creme de leite
100 g de parmesão

♪ Modo de preparo: tempere a lagosta com limão, sal e pimenta-do-reino e reserve. Corte o abacaxi ao meio e retire o miolo. Corte metade em cubos pequenos, esprema o restante e reserve. Em uma frigideira, doure o alho na manteiga, junte a cebola e refogue. Acrescente as lagostas e deixe grelhar um pouco. Coloque a vodca e flambe. A seguir, coloque o creme de leite. Ajuste os temperos, perfumando com as folhas de manjericão. Disponha a mistura na casca de abacaxi, salpique parmesão ralado e leve ao forno por 3 minutos, para gratinar.

♪ Batata *sautée*: 600 g de batatas bolinha / 1 colher de sopa de manteiga / sal e salsinha a gosto

♪ Modo de preparo: cozinhe as batatas, com casca, até ficarem macias. Retire as cascas e corte-as ao meio. Em uma frigideira, derreta a manteiga e junte as batatas. Tempere com sal e acrescente a salsinha.

♪ Finalização: disponha as lagostas gratinadas no abacaxi no centro do prato e guarneça com as batatas.

♪ Rendimento: 4 porções

♪ Tempo de preparo: 1 hora

Camarão ensopado com curry e leite de coco,
acompanhado de legumes no vapor

1 kg de camarões grandes descascados, com rabo
sal e pimenta-do-reino a gosto
suco de 1 limão

♪ **Modo de preparo:** tempere os camarões com limão, sal e pimenta-do-reino e reserve.

♪ **Legumes no vapor:** 100 g de brócolis / 100 g de cenoura em rodelas / 100 g de chuchu em rodelas / 100 g de ervilhas frescas / 100 g de vagem / 100 g de abobrinha / sal a gosto

♪ **Modo de preparo:** cozinhe os legumes, separadamente, no vapor, até ficarem al dente, e reserve.

♪ **Molho:** 30 g de manteiga / 5 dentes de alho espremidos / 200 g de cebola picada / 1 pitada de curry / 3 raízes de capim-santo / 400 *ml* de leite de coco / sal e pimenta-do-reino a gosto / salsinha a gosto

♪ **Modo de preparo:** em uma frigideira, refogue na manteiga o alho e a cebola. Junte o curry, mexendo para dissolvê-lo. Acrescente os camarões e a raiz de capim-santo e refogue por mais alguns minutos. Regue com o leite de coco. Deixe cozinhar por alguns minutos.

♪ **Finalização:** disponha harmoniosamente, nos pratos, os camarões e os legumes cozidos e sirva.

♪ **Rendimento:** 4 porções

♪ **Tempo de preparo:** 45 minutos

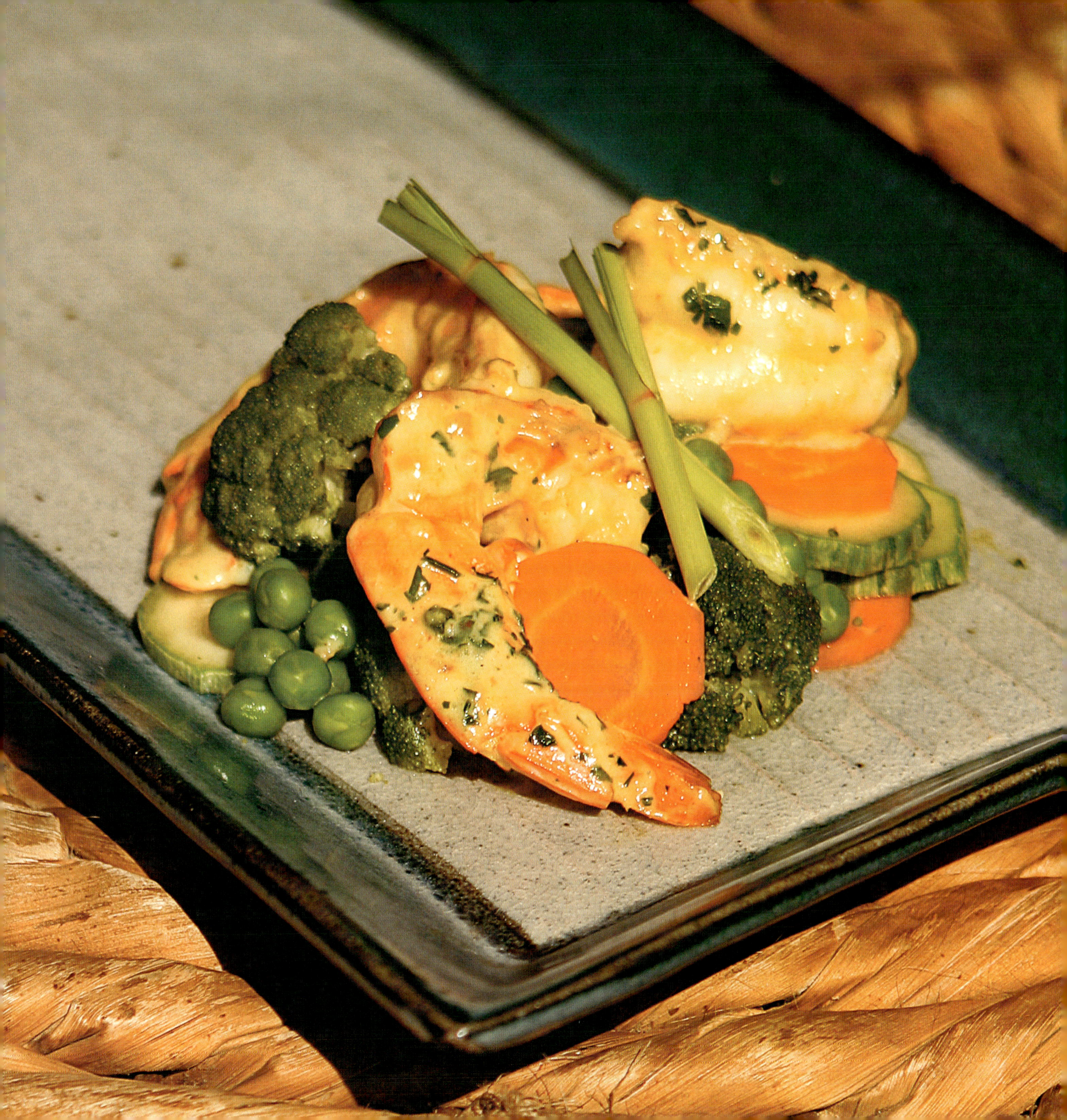

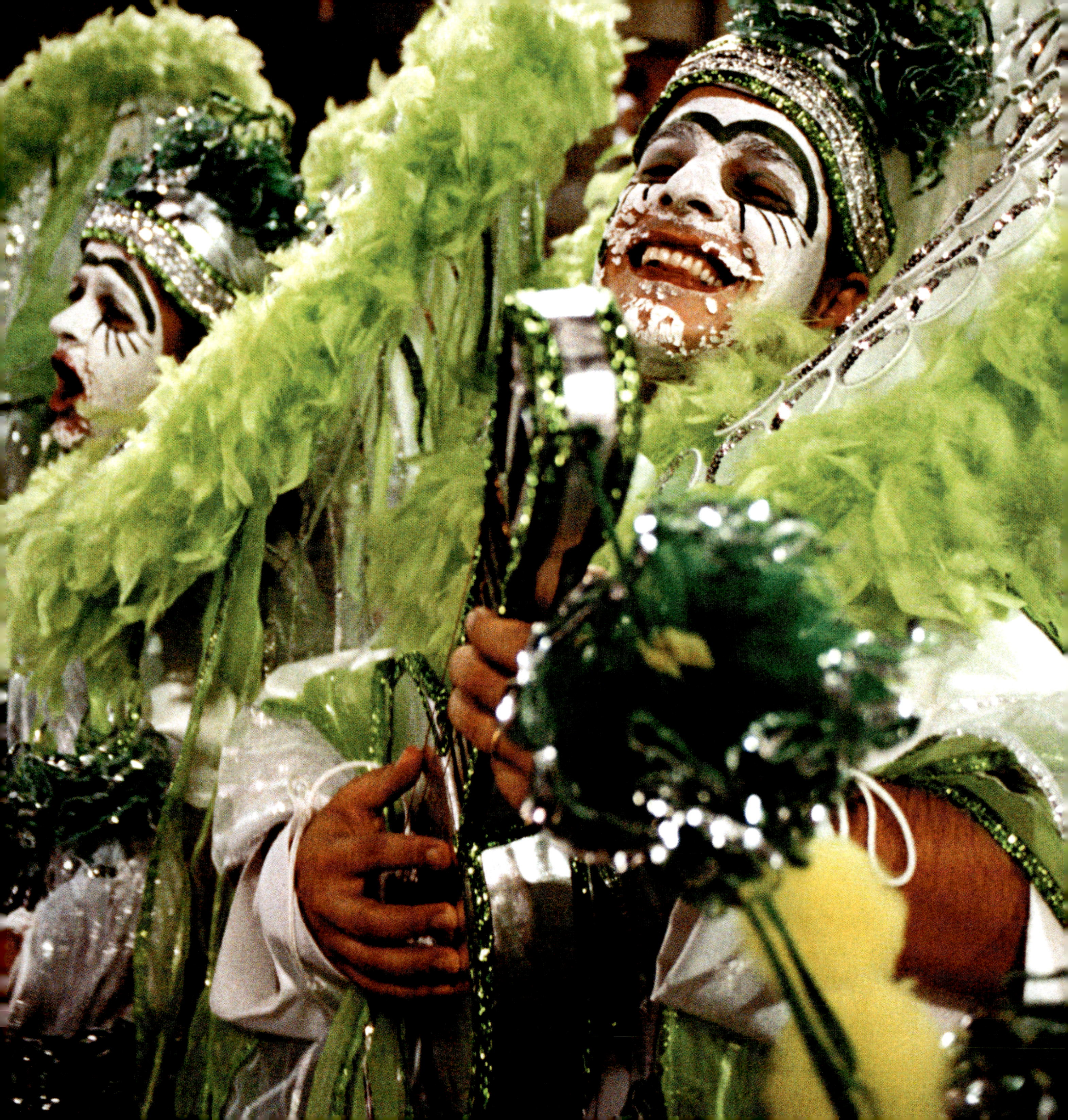

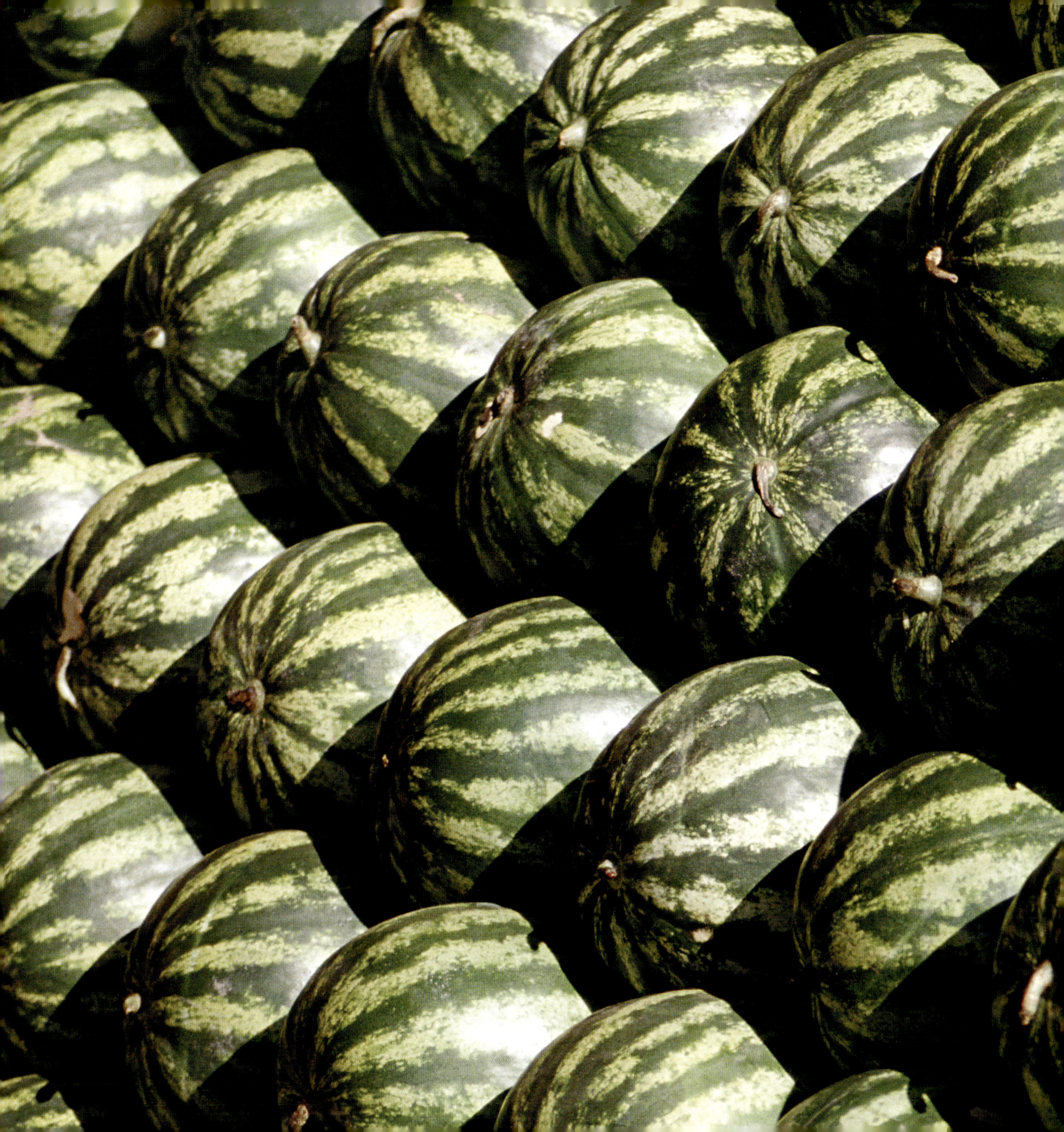

"Para viver um grande amor
[...]
Conta ponto saber fazer coisinhas
Ovos mexidos, camarões, sopinhas
Molhos, filés com fritas, comidinhas
Para depois do amor
E o que há de melhor que ir pra cozinha
E preparar com amor uma galinha
Com uma rica e gostosa farofinha
Para o seu grande amor?"

♪ Vinicius de Moraes & Toquinho, Para viver um grande amor

Pudim de castanha-do-pará : p. 114

Crème brûlée de capim-santo : p. 116

Pudim de tapioca : p. 118

Torta cristalizada de banana : p. 120

Torta de cupuaçu : p. 122

Terrine de abóbora e coco : p. 124

Abacaxi com hortelã em teias de amêndoas : p. 126

Carambolas flambadas ao vinho do Porto : p. 128

SOBREMESAS

(113)

Pudim de castanha-do-pará

♪ Pudim:
1 lata de leite condensado
350 ml de leite
3 ovos

♪ Modo de preparo: bata no liquidificador o leite condensado, o leite e os ovos, até obter uma mistura homogênea, e reserve.

♪ Massa:
60 g de manteiga
200 g de açúcar
200 g de farinha de trigo
200 g de castanha-do-pará moída
100 ml de leite

♪ Modo de preparo: bata o açúcar com a manteiga, junte a farinha de trigo, a castanha-do-pará e o leite. Reserve.

♪ Caramelo: 500 g de açúcar / 1 l de água

♪ Modo de preparo: coloque o açúcar e a água numa panela, misturando até o açúcar dissolver. Leve a panela ao fogo e deixe por cerca de 10 minutos, sem mexer, até que o caramelo fique marrom. Desligue o fogo e derrame o caramelo nas forminhas. Em seguida, disponha sobre ele a massa preparada com a castanha-do-pará; termine com a mistura de leite condensado batida no liquidificador. Leve ao forno, em banho-maria, por cerca de 35 minutos, a 180 °C.

♪ Rendimento: 10 unidades

♪ Tempo de preparo: 1 hora e 30 minutos

Crème brûlée de capim-santo

500 g de folhas de capim-santo
1 1/2 l de creme de leite fresco
100 g de açúcar mascavo
120 g de açúcar
100 ml de leite
10 gemas

♪ Modo de preparo: bata o capim-santo com o leite, no liquidificador, e passe pela peneira.
Acrescente o creme de leite e leve ao fogo. Bata as gemas com o açúcar, até ficarem espessas, e de cor amarelo-clara.
Assim que o creme de capim-santo estiver frio, acrescente a mistura de gemas; distribua em forminhas e cubra com papel-alumínio.
Asse em banho-maria, por cerca de 15 minutos, a 180 °C. Retire do fogo, deixe esfriar e leve à geladeira para firmar.
Na hora de servir, polvilhe com açúcar mascavo e queime com maçarico.

♪ Rendimento: 12 unidades

♪ Tempo de preparo: 45 minutos

Pudim de tapioca

1 lata de leite condensado
1 lata de creme de leite
500 ml de leite de coco
50 g de coco ralado
250 g de tapioca
500 ml de leite
5 ovos inteiros

♪ Caramelo: 500 g de açúcar / 1 l de água

♪ Modo de preparo: em uma tigela, coloque o leite de coco, o leite, a tapioca e o coco ralado. Deixe descansar, por cerca de 30 minutos, ou até a tapioca absorver o líquido. Prepare o caramelo: coloque o açúcar e a água numa panela, misturando até o açúcar dissolver. Leve a panela ao fogo e deixe, por cerca de 10 minutos, sem mexer. Desligue o fogo quando o caramelo estiver marrom. Utilizando as costas de uma colher, espalhe o caramelo numa fôrma de pudim com buraco no meio. Bata no liquidificador os ovos, o creme de leite e o leite condensado. Junte à mistura de tapioca reservada. Despeje tudo na forma de pudim previamente caramelada e cubra com papel-alumínio. Leve ao forno em banho-maria, por cerca de 1 hora. Abra o forno, retire o papel-alumínio e espete um palito no pudim. Se o palito sair seco, o pudim já está pronto. Deixe esfriar, desenforme-o e leve à geladeira.

♪ Rendimento: 10 porções

♪ Tempo de preparo: 2 horas

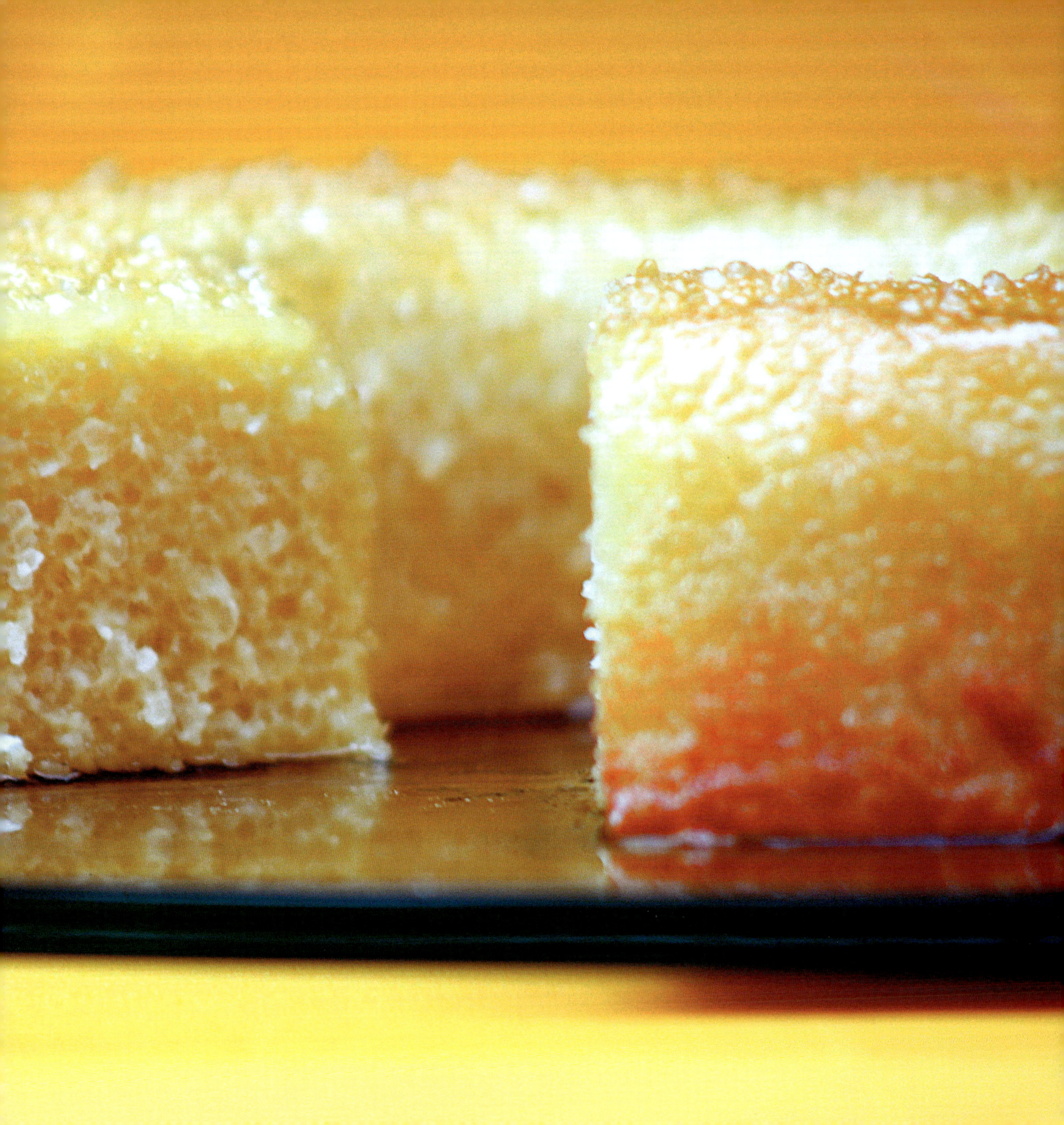

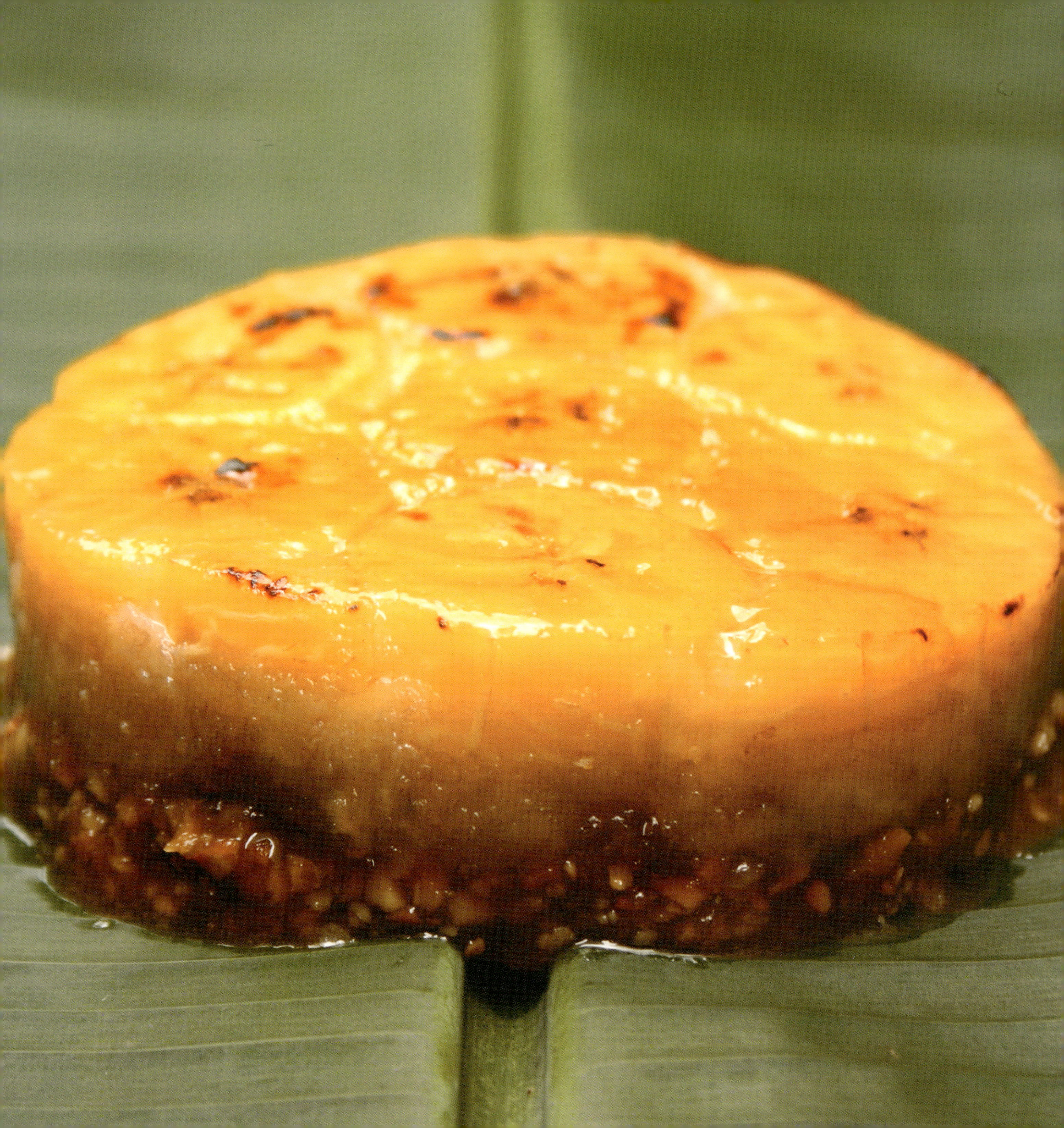

Torta cristalizada de banana

♪ Doce de banana:
500 g de bananas-nanicas (3 bananas)
250 g de açúcar
12 bananas-nanicas para a finalização
20 ml de rum para a finalização

♪ Modo de preparo: para fazer um doce de banana, descasque-as e corte-as em rodelas. Leve-as com o açúcar ao fogo por cera de 30 minutos, mexendo de vez em quando, até que se desfaçam, mas ainda mantenham uma cor clara. Retire o doce do fogo e deixe esfriar.

♪ Farofa: 50 g de açúcar cristal / 50 g de açúcar mascavo / 1 pitada de canela em pó / 150 g de manteiga sem sal / 150 g de farinha de trigo / 150 g de castanha-de-caju-xerém

♪ Modo de preparo: junte a manteiga em temperatura ambiente aos demais ingredientes, até obter uma farofa.

♪ Finalização: forre forminhas redondas, de fundo reversível, com papel-filme. Corte as bananas em rodelas e espalhe no fundo da forminha, fazendo uma flor. Em seguida, coloque o doce de banana e, por último, cubra com a farofa. Regue com o rum. Leve ao forno a 180°C por cerca de 25 minutos. Deixe esfriar e desenforme a torta. Polvilhe com açúcar e canela e queime com maçarico na hora de servir.

♪ Sugestão: sirva com sorvete de canela.

♪ Rendimento: 12 unidades

♪ Tempo de preparo: 45 minutos

Torta de cupuaçu

♪ Torta:
300 g de manteiga
1 ovo
1 colher de água
700 g de farinha de trigo
200 g de açúcar

♪ Modo de preparo: misture a manteiga, o ovo e a água; junte a farinha e o açúcar aos poucos, até que a massa se desprenda dos dedos. Abra a massa com um rolo e forre o fundo e as laterais da fôrma. Leve ao forno, por cerca de 20 minutos. Retire do forno e deixe esfriar.

♪ Creme de queijo: 250 g de queijo cuia ralado / 1 lata de leite condensado

♪ Modo de preparo: misture o queijo ralado com o leite condensado.

♪ Creme de cupuaçu: 1/2 kg de polpa de cupuaçu / 500 g de açúcar

♪ Modo de preparo: leve ao fogo a polpa de cupuaçu e o açúcar, mexendo sempre, até ficar na consistência de geléia.

♪ Merengue: 8 claras / 200 g de açúcar / 60 g de queijo de cuia ralado para finalização

♪ Modo de preparo: bata as claras e o açúcar por cerca de 10 minutos até obter um suspiro consistente.

♪ Finalização: forre a massa, já fria, com o creme de queijo. Espalhe sobre ele o creme de cupuaçu. Cubra tudo com o suspiro, salpique com o queijo de cuia ralado e leve ao forno para dourar.

♪ Rendimento: 12 fatias

♪ Tempo de preparo: 2 horas

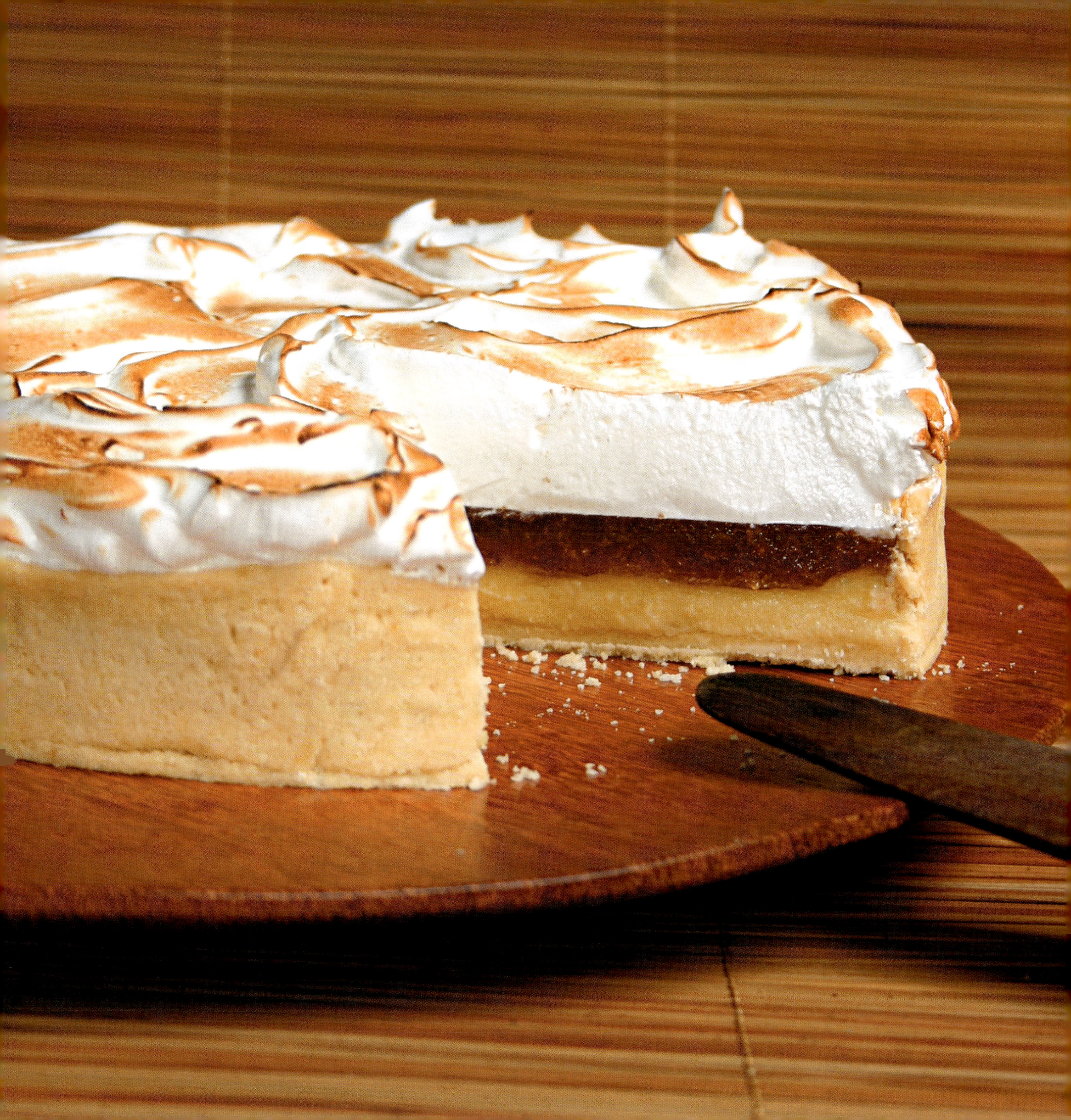

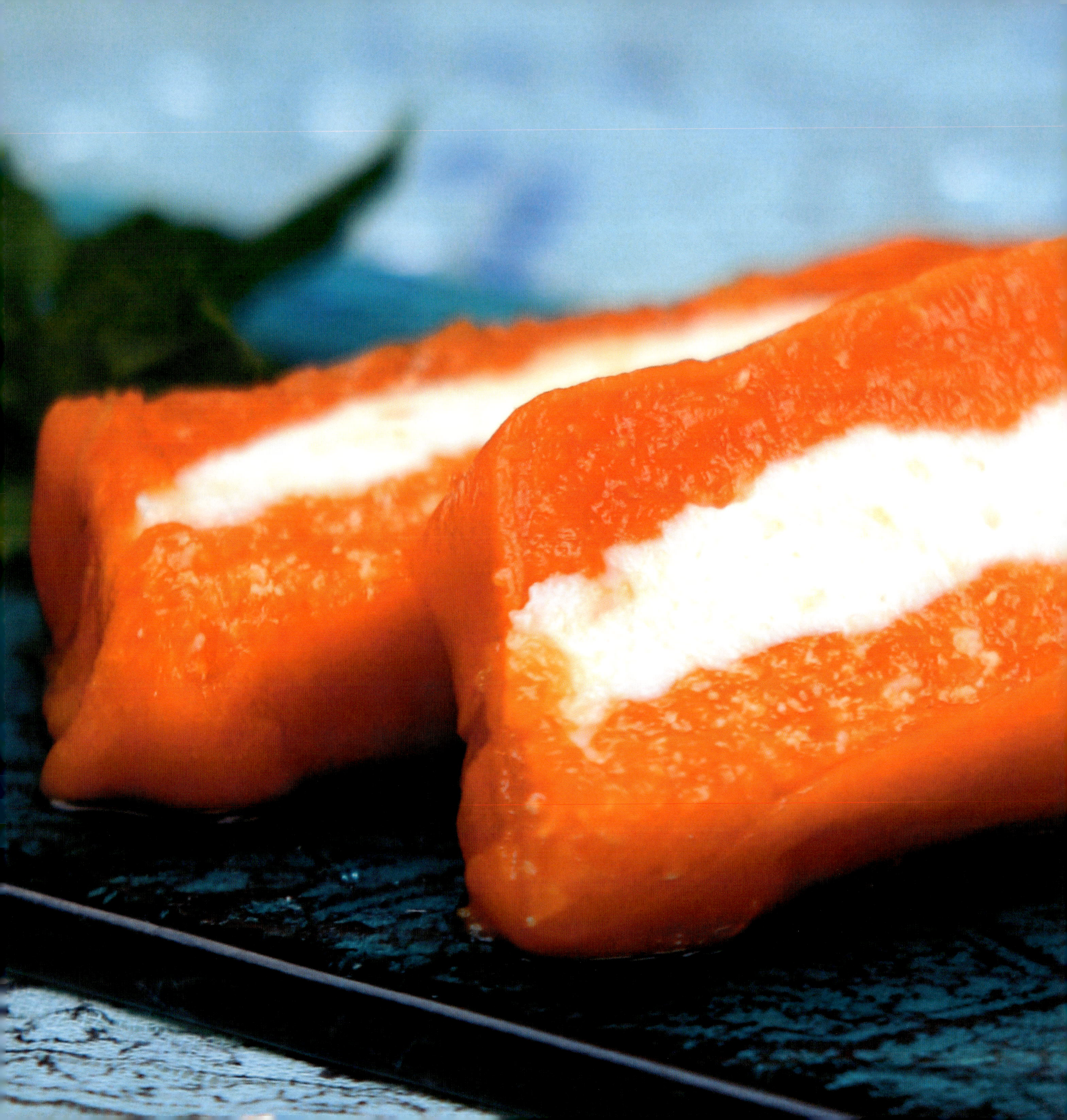

Terrine de abóbora e coco

♪ *Carpaccio de abóbora:*
800 g de abóbora (pescoço) sem casca
30 g de açúcar

♪ Modo de preparo: corte a abóbora (no sentido longitudinal) em tiras de 17 cm x 8 cm, com espessura de 3 mm. Coloque-as em uma assadeira, polvilhe com o açúcar e leve ao forno a 160 °C por 5 minutos.

♪ Doce de abóbora: 900 g de abóbora / 1 *l* de água / 400 g de açúcar / 5 cravos-da-índia / 1 pedaço de canela em pau

♪ Modo de preparo: leve ao fogo a abóbora com a água, o açúcar, o cravo e a canela. Apure até o doce começar a soltar da panela; retire do fogo e reserve.

♪ Espuma de abóbora: 1 receita de doce de abóbora (acima) / 5 folhas de gelatina / 1 clara batida em neve / 20 *ml* de água

♪ Modo de preparo: coloque o doce de abóbora em uma tigela. Ferva a água e dissolva nela a gelatina; despeje sobre o doce, misturando bem. Finalmente, acrescente a clara batida em neve firme, misturando delicadamente.

♪ Espuma de coco: 60 g de leite condensado / 60 g de coco fresco ralado / 60 g de leite de coco / 2 folhas de gelatina / 20 *ml* de água / 1 clara em neve / 300 g de creme de leite fresco batido

♪ Modo de preparo: misture, em uma tigela, os três primeiros ingredientes. Dissolva a gelatina na água fervente e junte ao creme de coco, misturando bem. Em seguida, misture delicadamente a clara e o creme de leite batido.

♪ Finalização: pegue uma *terrine* (fôrma comprida e funda) de 17 cm x 8 cm, cubra com papel-filme úmido, mais largo nas laterais para poder cobrir a preparação. Depois forre, com o *carpaccio* de abóbora, o fundo e as laterais; em seguida, coloque uma camada de mais ou menos 2 cm de espuma de abóbora. Leve ao refrigerador para endurecer; quando estiver firme, coloque a espuma de coco e leve novamente ao refrigerador, para endurecer. Repita a operação com a espuma de abóbora. Cubra com o restante do *carpaccio*, envolva com o papel-filme e leve à geladeira. Para servir, desenforme, retire o papel-filme e corte em fatias.

♪ Rendimento: 12 porções

♪ Tempo de preparo: 3 horas (excluindo o preparo da véspera)

Abacaxi com hortelã em teias de amêndoas
com gengibre e sorvete de coco

♪ Teia caramelada de amêndoas:
10 ml de creme de leite fresco
100 g de manteiga sem sal
75 g de amêndoas trituradas
15 g de gengibre ralado
45 g de farinha de trigo
110 g de açúcar
1 pitada de sal

♪ Modo de preparo: leve todos os ingredientes ao fogo em uma panela. Quando começar a derreter, formando uma massa, desligue o fogo. Com uma colher de café, espalhe 24 montinhos dessa mistura em assadeira untada com manteiga. Com as mãos, espalhe-os em discos de 8 cm de diâmetro, mantendo distância entre eles. Leve ao forno por cerca de 5 minutos, a 160 °C. Deixe a massa esfriar e retire-a da assadeira com uma espátula.

♪ Abacaxi macerado: 3 abacaxis em cubos / 300 g de açúcar / 10 g de folhas de hortelã em tiras

♪ Modo de preparo: leve o abacaxi com o açúcar ao fogo em uma panela até levantar fervura. Em seguida, misture a hortelã em tiras e leve à geladeira.

♪ Finalização: arrume uma teia no prato, disponha sobre ela o abacaxi macerado, decore com um triângulo (1/4) de teia e sirva com sorvete de coco.

♪ Rendimento: 12 porções

♪ Tempo de preparo: 45 minutos

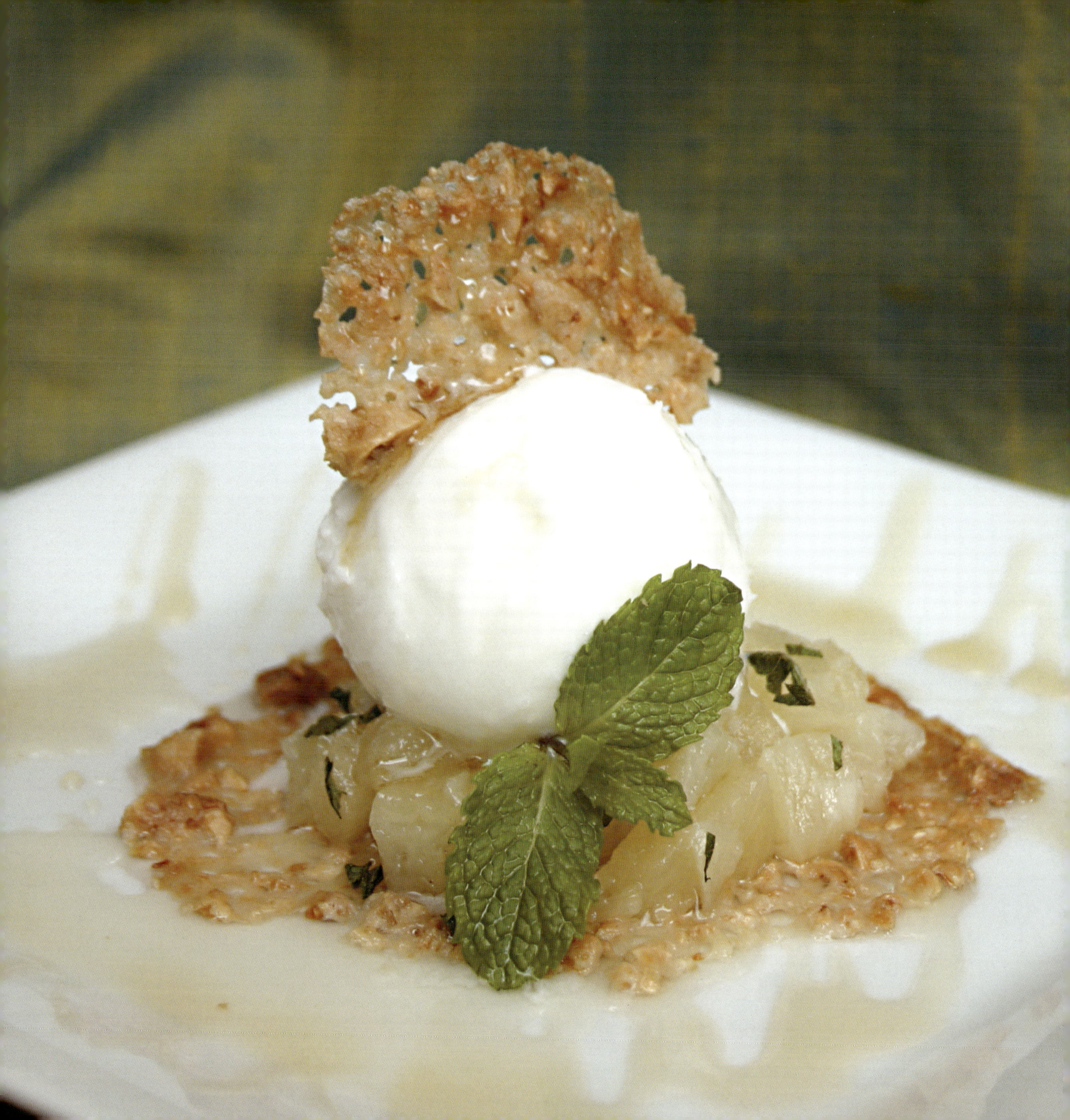

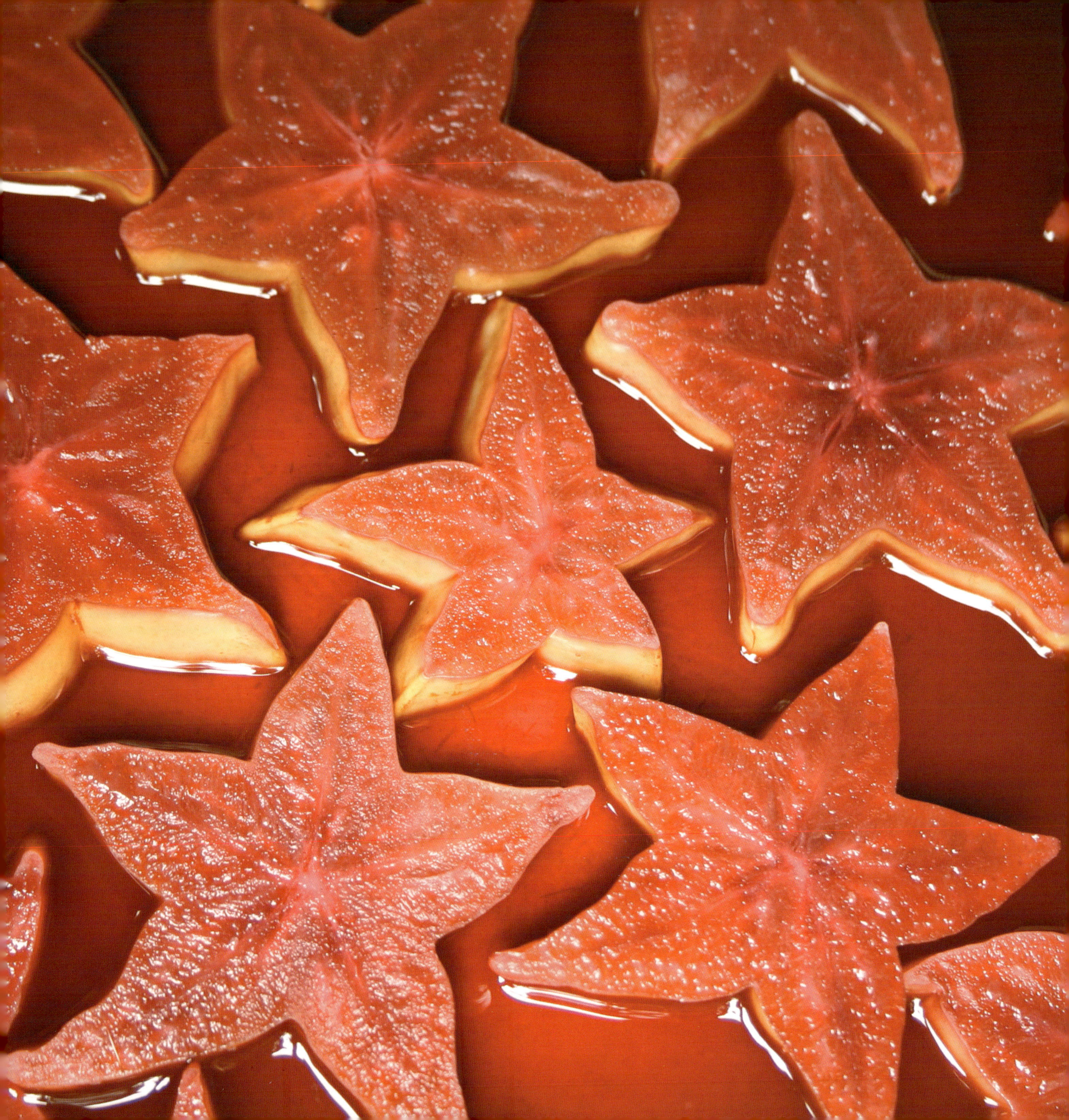

Carambolas flambadas
ao vinho do Porto

200 ml de vinho do Porto
5 carambolas

♪ Modo de preparo: corte as carambolas em fatias e flambe-as no vinho do Porto.

♪ Rendimento: 10 porções

♪ Tempo de preparo: 15 minutos

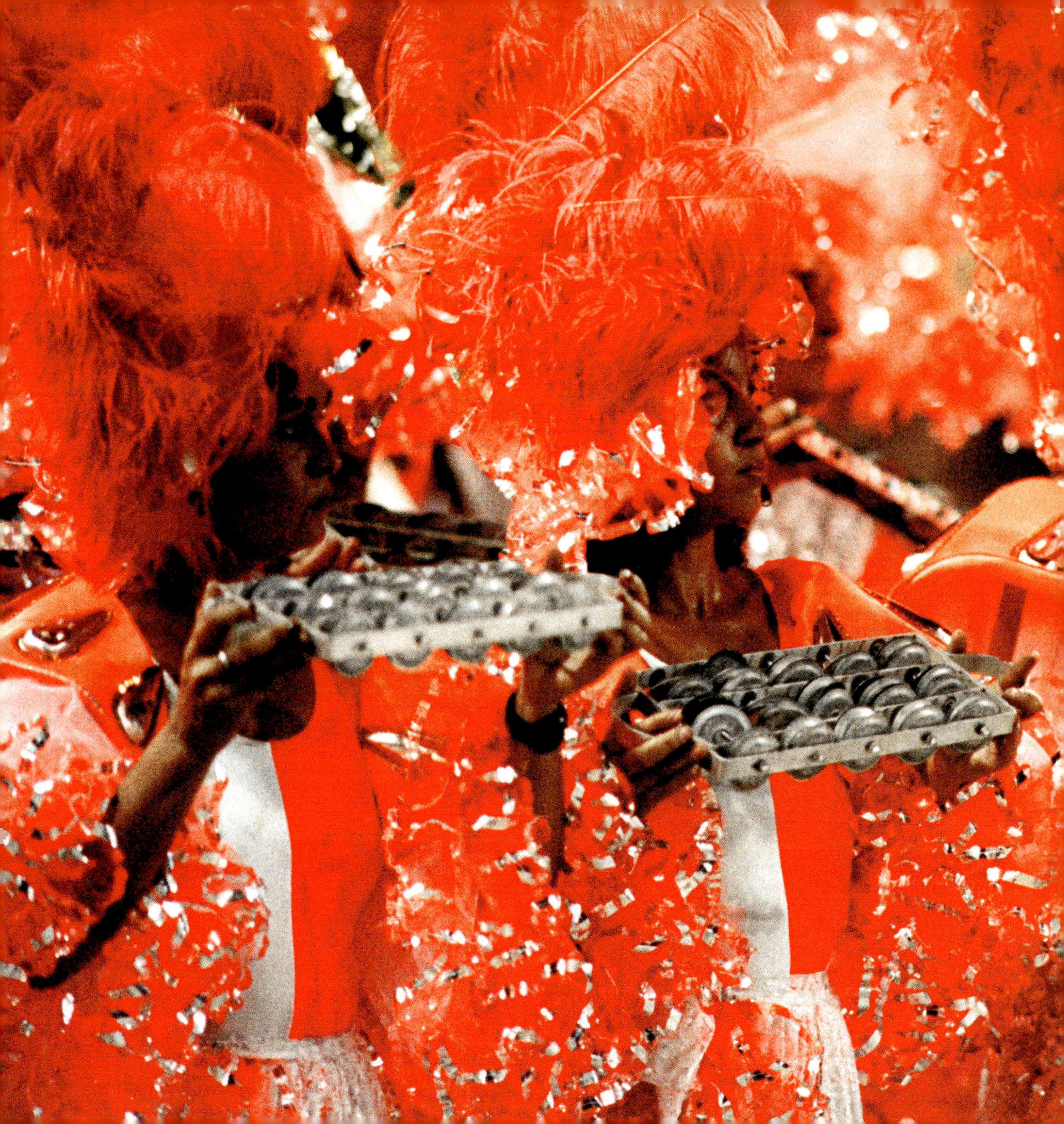

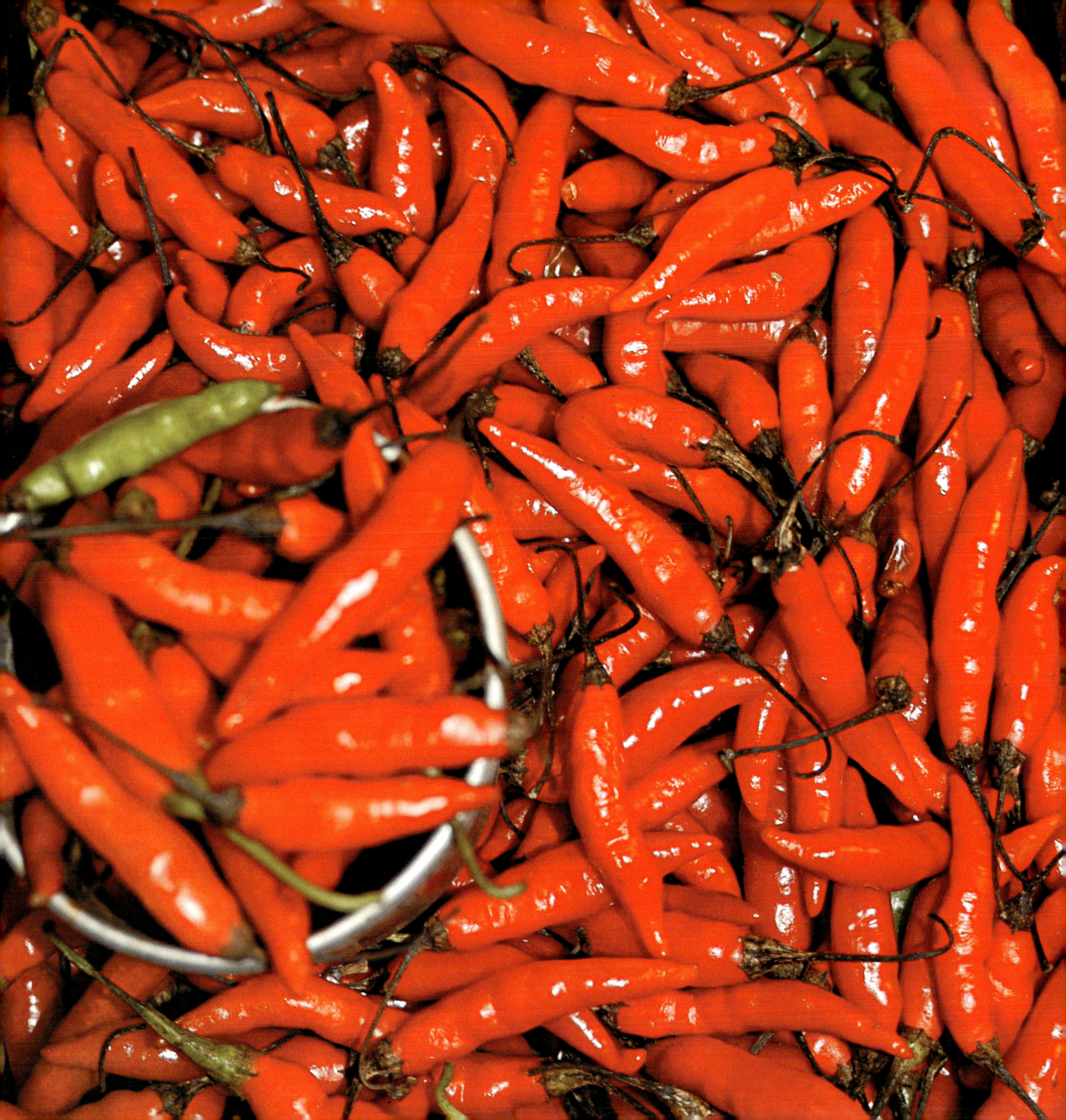

Os sabores da música popular brasileira

Os especialistas parecem concordar que a modinha – derivada da moda lusitana –, e o lundu – de origem africana –, são as duas principais vertentes da música popular brasileira. É certo que os indígenas traziam o hábito ancestral de suas danças rituais e costumavam beber cantando, produzindo sonoras cauinagens; porém, quase nenhuma contribuição puderam dar à estruturação do nosso samba. Foi, portanto, a junção de uma letra melodiosa, transplantada pelos portugueses, com um ritmo sensual e excitante, praticado por negros africanos, que propiciou a típica musicalidade brasileira, num processo secular que envolveu praticamente todos os segmentos da sociedade em formação.

Conta-se que os escravos sempre trabalharam cantando, mas tudo indica que se tratava de uma cantilena – quase um lamento –, cadenciada pelo movimento do trabalho pesado, monótona e triste. Fala-se também que as escravas vendedoras andavam pelas ruas apregoando, com cantorias, a oferta de tecidos, frutos e outros alimentos; porém, certamente, não passavam de cantigas bem simplórias e repetitivas, talvez um distante primórdio do jingle utilizado na moderna propaganda. Por outro lado, encontramos no lundu – satírico e irreverente – os ingredientes musicais que temperaram a modinha – melodiosa e amorosa. Nas ruas e nos terreiros, durante as festanças descontraídas, brancos e negros dançavam ao ritmo alucinante do lundu baiano, cujo clímax era a famosa umbigada.

Acompanhando as peculiaridades de uma comunidade que aglutinava tradições rurais e relações urbanas, a música popular que se forjava na época colonial só tinha um lugar com delimitações e complexidade apropriadas para se desenvolver: a Bahia. Partiu do Recôncavo Baiano o movimento musical que, mais tarde, estabeleceria uma base de repercussão no Rio de Janeiro, disseminando os sons e ritmos brasileiros por todo o território nacional, inaugurando uma fonte inesgotável de criatividade artística, pois trata-se de fenômeno que atravessou os séculos, podendo-se verificar a forte influência da música baiana até os dias atuais. As primeiras composições musicais surgidas na Bahia, em geral saídas de folguedos populares, desde o início atraíram a atenção e a participação das elites sem, entretanto, perder totalmente suas características básicas.

Esse fenômeno propiciado pelas condições especiais da realidade econômico-social do Recôncavo Baiano [...] ia permitir ainda na primeira metade do século XVIII o aparecimento de uma série de novas formas de diversão entre as baixas camadas, que estava destinada a transformar não apenas Salvador no primeiro centro produtor de cultura popular urbana do Brasil, mas a garantir para a própria Bahia o título de pioneira na exportação de criações para o lazer de massa citadina no exterior. [1]

---

[1] José Ramos Tinhorão, *História social da música popular brasileira* (São Paulo: Editora 34, 1998), p. 82.

Das trinta canções contidas no manuscrito intitulado Modinhas do Brazil, encontrado na Biblioteca da Ajuda, em Lisboa, referentes ao fim do século XVIII, nenhuma tem a alimentação como tema; todas se referem às manifestações do amor e da paixão, da saudade, da ingratidão, enfim, das aflições emotivas. A despeito disso, considerando que os aspectos quotidianos da vida eram amiúde inseridos nas cantigas, é bem possível que os sabores tropicais fossem lembrados desde cedo pelos compositores. Mesmo no período colonial, os cantadores eram muitos, e costumavam entoar o canto solo acompanhado de viola.

A cantoria dos trovadores, com suas violas, era muito apreciada pela população colonial; eles apresentavam-se nas ruas, nas casas, durante as festas, e chegaram a alcançar certa notoriedade, fazendo mesmo longas viagens pelo interior. Além disso, é preciso lembrar que – na variante do desafio, também herdada de Portugal – as cantigas eram levadas aos confins do sertão, sem título e sem partitura, na memória prodigiosa e na voz de cantadores repentistas, "[...] viajando a pé, viola no saco de algodãozinho, aproveitando as festas religiosas, cantando nos casamentos e apartações de gado, como observou o mestre Câmara Cascudo. Um desses cantadores do sertão, Matias Carneiro, nascido em 1833, assim cantava:

> Da macambira a farinha,
> Do croatá o beiju,
> Da massa de coco o pão,
> Da mucunã o angu,
> A melhor de todas quatro:
> Croatá comido cru.[2]

O romantismo do período imperial acolheu convenientemente as cantigas sentimentais, exaltando as paixões individuais e deixando de lado temporariamente a temática da convivência urbana mais corriqueira. Poetas letrados passaram a compor versos para as melodias, geralmente criadas por músicos populares. Somente às vésperas da República, no burburinho da Abolição, foi que as facetas sociais ganharam lugar de destaque nas composições, tanto que alguns estudiosos assinalam essa época como um marco significativo na trajetória da música popular brasileira. Mais ligada aos aspectos coletivos, mantendo a tradição da irreverência descontraída, a produção musical passou a atingir definitivamente as grandes massas das cidades. Curiosamente, o primeiro sucesso a cair no

---

[2] Leonardo Mota, *Cantadores* (Brasília: Editora Cátedra, 1976), p. 111.

gosto do grande público lembrava em seus versos o contentamento da comida consumida fora do espaço caseiro. Essa canção tinha por título "A Missa campal", de Oscar Pederneiras, e descrevia a participação de uma família nas comemorações da Abolição, festejo realizado no Campo de São Cristóvão, Rio de Janeiro; na verdade, era a simples adaptação de uma chanson francesa, feita em comemoração ao 14 de Julho.

A cançoneta, inicialmente apresentada na revista teatral 1888, em 27 de dezembro daquele ano, no Teatro Variedades, alcançou tamanha popularidade que chegou a ser gravada em disco muitos anos depois, em 1912, pelo cantor Baiano.

Desde fins do século XIX, a praça Tiradentes, no Rio de Janeiro, já era famosa por abrigar diversas casas de diversão, onde eram apresentadas revistas teatrais. Esses espetáculos atraíam gente de toda parte do país e funcionavam como eficientes palcos de divulgação para as novas canções. Logo os compositores populares perceberam que os canais do sucesso passavam pelo teatro de revista. Os musicais geralmente incluíam os tipos urbanos mais pitorescos: o português e a mulata, o guarda e o malandro, o coronel e o matuto. Tais personagens dançavam e cantavam os estilos que se popularizavam nacionalmente: o lundu, o maxixe e o samba. Entrado o século XX, proliferam num Rio de Janeiro já menos provinciano os cafés-cantantes – para um público de classe média – e os chopes-berrantes – freqüentados por gente mais pobre. Nesses novos pontos de diversão, multiplicava-se a criação de novas modinhas, cançonetas e choros. Chegava, também, a modernidade do disco, introduzido pela Casa Edison (1901), gravando modinhas e lundus cantadas por Eduardo das Neves. O primeiro samba – "Pelo telefone" – só seria gravado em 1917, por Ernesto Santos, o Donga, um descendente de migrantes baianos. A partir dessa época, o samba vai ganhar um ritmo batucado, que fará dele o gênero mais popular da cidade.

A capital da República passou por grandes transformações urbanísticas durante aqueles primeiros anos do século XX, abrigando camadas médias da população bem mais expressivas, recebendo migrantes do norte e nordeste – em sua maioria baianos – e imigrantes europeus. Nos cafés-cantantes, as cançonetas continuavam a ser apresentadas, passando os sambas e as marchinhas a ser entoados nas ruas por ranchos e cordões (os antecessores das escolas de samba) durante os festejos carnavalescos. Enquanto isso, de seus casarões na periferia, as famosas tias baianas difundiam o samba de partido-alto. O Rio de Janeiro se consolidava como centro de uma produção musical que já assumia seu perfil comercial. As gravações em disco e a transmissão de rádio rompem a década de 1930 preparadas para atender um considerável público consumidor da música popular. Ao findar a Primeira República, com a centralização política e o nacionalismo, nota-se uma revalorização da cultura nacional e seus temas populares. Tal exaltação não poderia dispensar a importância de nossos hábitos alimentares. Desse modo, os sabores bem brasileiros voltam à cena, nas criações de compositores como Ary Barroso e o baiano Dorival Caymmi. A cantora Carmem Miranda, com suas fantasias tropicais, encanta o público local e se apresenta nos Estados Unidos, onde acabou fazendo carreira espetacular no cinema.

A personagem representada por Carmem Miranda retomava uma figura criada em fins do século anterior, a baiana, introduzida nas artes brasileiras por Artur de Azevedo, quando apresentou a revista teatral A República, em 1890. Nessa peça, caracterizada como uma vendedora baiana, a atriz Ana Manarezzi cantava a música "As laranjas da Sabina", com o célebre refrão:

> Sem banana macaco se arranja
> E bem passa o monarca sem canja,
> Mas estudante de Medicina
> Nunca pode
> Passar sem laranja da Sabina!

O grande sucesso alcançado pela cantora e atriz Carmem Miranda parece encerrar um ciclo, fechando com chave de ouro uma fase gloriosa na evolução da música brasileira. De baiana a baiana, o Brasil cantou e dançou a sua gente mais simplória e encantadora, os seus costumes, as suas alegrias e até os seus sabores. Infelizmente, após a Segunda Grande Guerra, não haverá um caminho único na trajetória musical: a partir dos anos 50, uma classe média bem definida e estabelecida, situada ainda no Rio de Janeiro, vai criar a sua própria música e perder o gosto pela cantoria mais popular. O samba batucado e a inspiração do povo perdem terreno. Surge o samba de bossa nova, aceito como mais elegante, intimista, voltado para as coisas do coração. Esse novo canto do amor e da flor marcou uma divisão que perdura até hoje. Curiosamente, o violonista criador da nova batida também era baiano, de Juazeiro: João Gilberto.

Os compositores saídos das classes mais educadas ou refinadas da população raramente vão incluir em suas letras as delícias da mesa brasileira, declamando receitas, enaltecendo sabores. A expressão maior de nossa "cozinha musical" veio geralmente de compositores mais identificados com os retratos coletivos da sociedade, com o quotidiano popular. Desde os anos de 1960, apesar da profusão de estilos e criações musicais, consumidas por um verdadeiro mercado massificado, diminuíram sensivelmente as citações do hábito alimentar na música. Vez por outra, surgem versos encaixados, porém, nada comparável às canções mais antigas. Todavia, é de se crer que a temática da alimentação – por sua peculiaridade e importância cultural – não será abandonada pela música popular, podendo-se mesmo encontrar na criação contemporânea algum sinal de permanência, como é o caso dessa composição de Zeca Pagodinho:

Já mandei botar dendê
(Zeca Pagodinho/Arlindo Cruz/Maurição)

Bota dendê no meu caruru
Bota dendê no meu vatapá

Eu quero ver o caldeirão ferver
Põe pimenta pra arder
Já mandei botar dendê
[...]
Sinto saudade da comida de sinhá
Que jamais deixou de usar
Dendê pra dar bom paladar
É na moqueca, é no bobó, é no xinxim
Bota um pouco mais pra mim
Tempero sem dendê, não dá
[...]

Quase soa como ousadia cantar o prazer de comer e despertar o apetite para as nossas delícias culinárias, especialmente numa época em que a moda é a dieta seletiva ou restritiva. Mas é o que faz o sambista, revelando a tradição de sua musicalidade, descomprometida com quaisquer ditames estranhos ao seu meio. Espontânea e autêntica, a música de origem popular canta os sabores brasileiros numa melodia de homenagem e no ritmo do prazer.

SANDRO FERRARI
Historiador

GLOSSÁRIO

acarajé = bolinhos de feijão

batida = especialidade brasileira; bebida preparada como um *shake*. Mistura de frutas, às vezes com leite concentrado, e uma bebida alcoólica, geralmente a cachaça

beiju = tipo de panqueca de tapioca que também pode ser servida com queijo branco derretido, geléia, ou leite condensado salpicado de coco ralado

bobó = purê de camarões e mandioca. Origem: Nigéria – nome ligado ao culto da deusa vudu Candomblé

cachaça = tipo de rum branco, feito a partir da cana de açúcar

caipirinha = coquetel de cachaça, com cubos de limão verde esmagados com açúcar; diminutivo do termo que designa os habitantes do interior, os camponeses

capeta = tipo de limão com sumo rosado e sabor marcante

capim santo = uma das denominações populares de um tipo de citronela, no Brasil

cará = tubérculo semelhante à mandioca

cupuaçu = fruto da família do cacau, de gosto ácido, ao natural ; na Amazônia, é considerado como néctar dos deuses. Seu perfume doce pode ser sentido de longe

farofa = farinha de mandioca, de rosca ou de milho, salteada no azeite ou na manteiga, que acompanha muitos pratos brasileiros

feijoada = ensopado de feijão preto, com diversos tipos de carne de porco; servido com arroz branco, acompanhado de molho bastante condimentado, farofa, couve refogada e laranjas

jabuticaba = pequeno fruto roxo escuro ou preto, de polpa suculenta, mole e branca

lingüiça calabresa = longa, muito apimentada

malagueta = pimenta picante, vermelha ou verde, semelhante à de Caiena

manjubinha = pequenos peixes, próprios para fritura

manteiga de garrafa = manteiga líquida, obtida a partir de creme batido e sem soro, depois cozida para tornar-se líquida

meia cura = tipo de queijo branco, duro

miniquindim = pequeno pudim de coco ralado e gemas de ovos

moqueca = ensopado de peixes e frutos do mar, enriquecido com ingredientes habituais da cozinha africana

paio = tipo de lingüiça de carne de boi e de porco

pastel = massa frita com recheios variados, muito apreciada entre os brasileiros. Vendido tanto nas praias e nas feiras livres, quanto nos restaurantes e bares da moda. Acompanha os aperitivos, os pratos... e é a paixão das crianças

pimenta de cheiro = minúscula e aromatisada, vermelha ou amarela

pintado = peixe de água doce, da família do surubim, com pele manchada

pitanga = fruto em formato de chapéu turco, de sabor picante e carne macia, com grande caroço

pitus = camarões de água doce

polvilho azedo = pó que pode ser utilizado como fermento

polvilho doce = pó derivado da tapioca

pupunha = tipo de palmito ecológico, cultivado

queijo coalho = queijo branco brasileiro, especial para assar

requeijão cremoso = queijo brasileiro, de pasta mole e untuosa

romeu e julieta = nome dado pelos brasileiros à sobremesa de queijo branco com goiabada.

surubim = grande peixe de água doce, de pele semelhante ao couro

sururu = pequeno marisco muito popular, ameaçado de extinção; pesquisadores tentam cultivá-lo, de forma controlada. Também conhecido como ostra dos pobres

vatapá = purê grosso à base de pão, camarões , e/ou peixes, óleo de dendê (palmeira) e leite de coco

xerém de caju = castanhas de caju trituradas

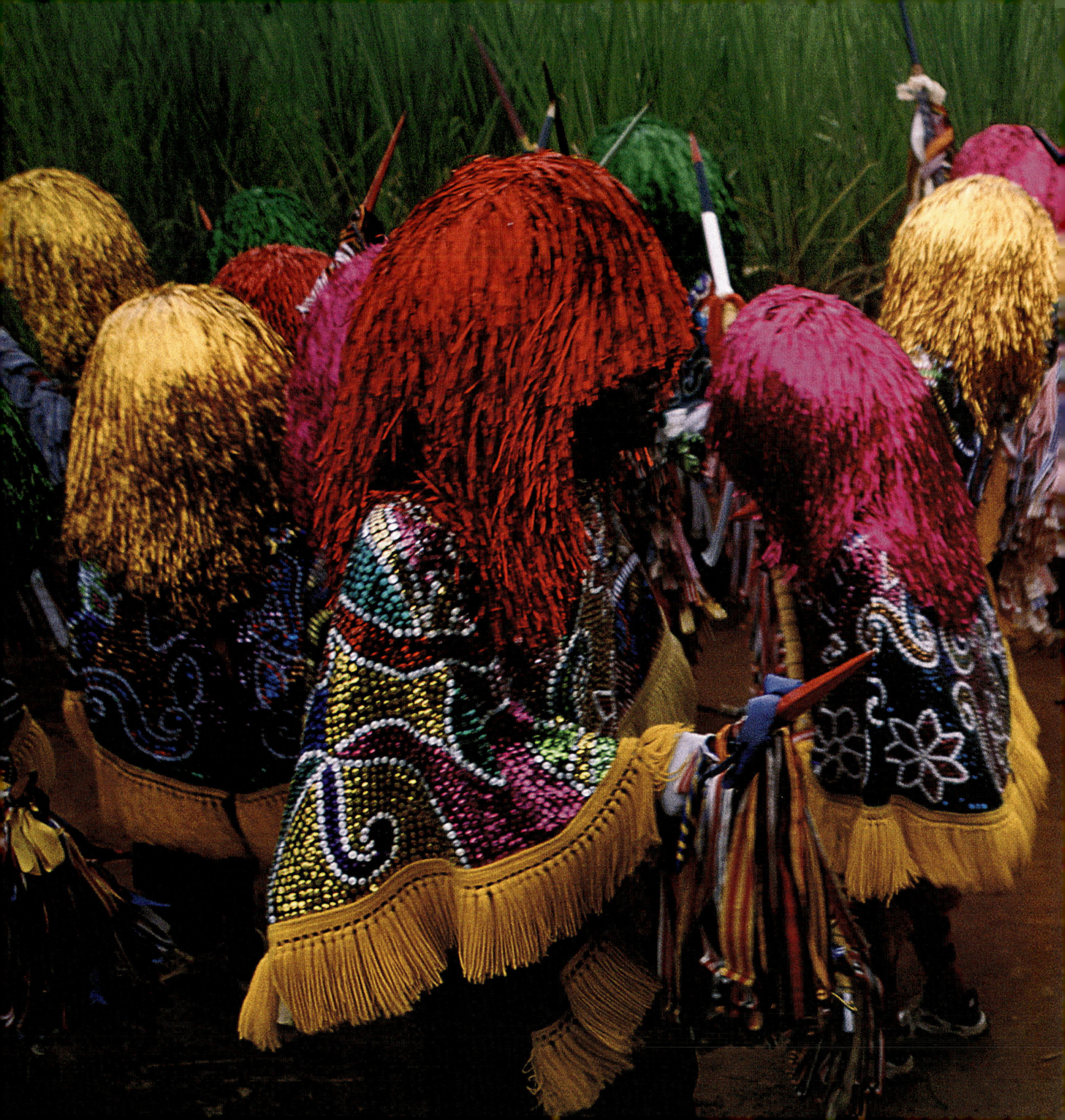

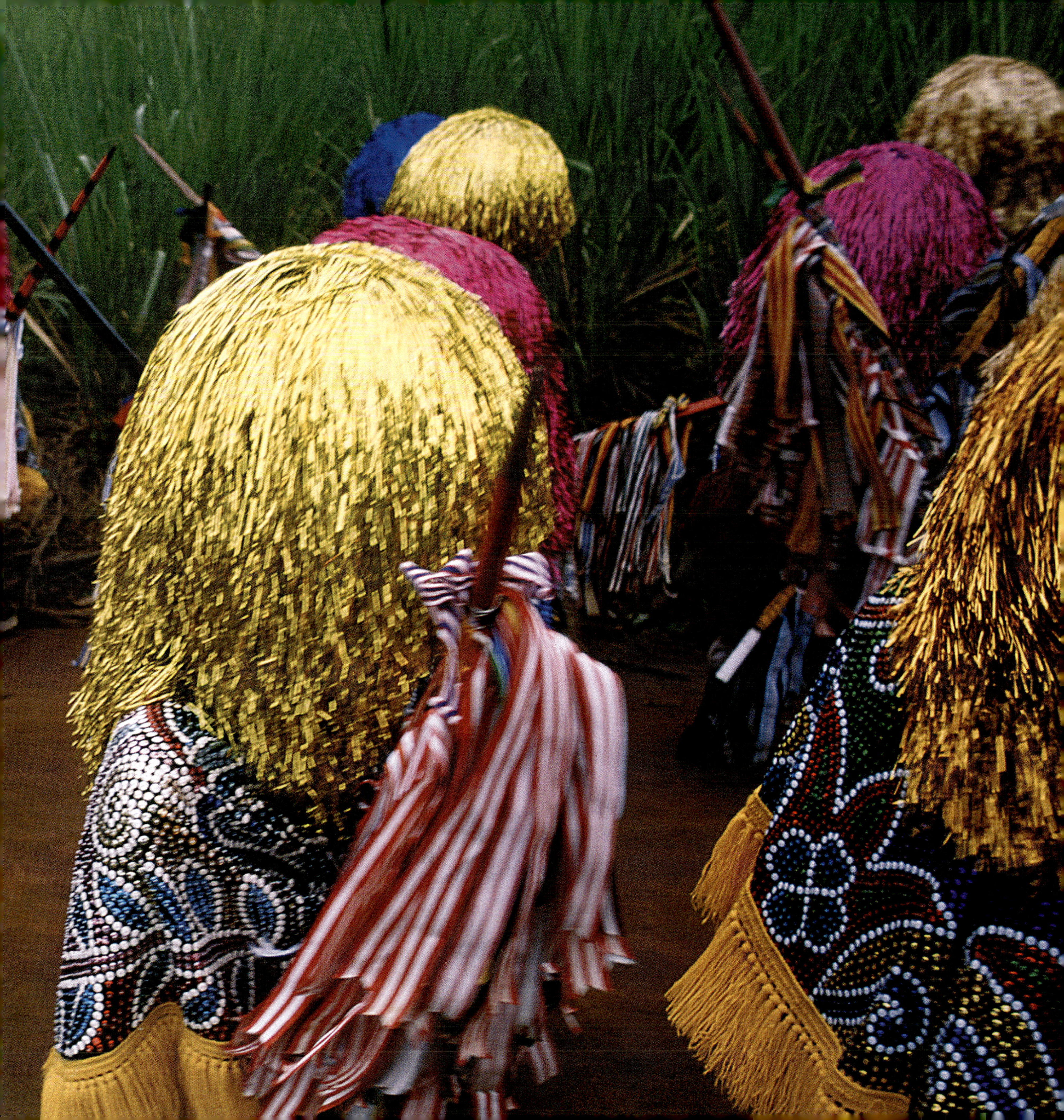

"Ai meu Deus se eu pudesse
eu abria um buraco
Metia os pés dentro criava raiz
Virava coqueiro trepava em mim mesmo
Colhia meus cocos meus frutos feliz
Ralava eles todos com cravo e azeite
E punha no tacho pra fazer cocada
Depois convidava morenas e loiras
Mulatas e negras pra dá uma provada"
♪ ANTONIO VIEIRA, COCADA

Amigos Bons : p.146

Vendedor de Bananas : p.148

Vatapá : p.150

Feira de Mangaio : p.152

Menino das Laranjas : p.154

Jurubeba : p.156

Banana Bacana : p.158

MÚSICAS

" Mariana Aydar é de uma nova geração de artistas brasileiros que não se prende ao purismo dos ritmos e transforma todo e qualquer som em música. Mariana estudou na Groove e na Berklee College of Music e trabalha com gente nova, boa de suingue, que capta sentimentos contemporâneos e passa emoção às letras. Para formar sua banda e repertório, ela cria novas maneiras de cantar músicas já conhecidas, de que todo mundo gosta, e compõe as próprias com gente jovem. Assim conheceu, na França, Seu Jorge, brasileiro de voz poderosa trop cool, que a levou a uma turnê pela Noruega, Alemanha e ao Estádio de Bercy.

Mariana está no processo de realização de seu primeiro disco – e esse momento tem tudo que ver com Ritmos e receitas. O projeto junta amigas que encontraram na França o "norte" para suas carreiras e que querem mostrar a diversidade dos ritmos e sabores do Brasil.

Para este livro, Mariana gravou com o produtor Maurício Tagliari um CD que promove uma viagem pelo universo culinário brasileiro, com letras atuais e de clássicos regravados com novo tom. A viagem é também de ritmos, indo do forró do compositor Sivuca às sonoridades contemporâneas. Começa com "Amigos bons", de Junio Barreto, que conta a história de um indivíduo que acorda faminto. As músicas levam aos vendedores de rua e às feiras do Nordeste, onde se vendem fumo e beiju. E, ainda, uma receita cantada de Dorival Caymmi, gravada em ritmo de samba-rock que, seguida ao pé da letra, ensina a fazer um vatapá. Termina com a música "Jurubeba", de Gilberto Gil, sobre um licor amargo feito de jenipapo, ótimo para curar ressaca. O chantili é a colaboração de Mario Manga, pai de Mariana, tocando guitarra e bandolim.

Entre aulas de cello e violão em Saint Germain-des-Prés, Mariana teve certeza de que, cantando, entra numa sintonia de consciência com a humanidade. Música é para ela algo espiritual, assim como era para José de Anchieta, um padre-poeta, famoso na época da catequese dos índios por usar teatro e música para ensinar religião. Viveu em Trancoso e dizia que "o canto faz entrar nas almas a inteligência das coisas do céu". Quinhentos anos separam Mariana do Padre, mas a sintonia entre eles é fina. Coisas da vida, coisas que só entende quem tem Deus no coração. **"**

CHRIS MELLO
Colunista do jornal O Estado de S. Paulo *e da revista* Vogue

(143)

Track List:

01 Amigos Bons

Júnio Barreto/Bactéria/Otto
Trama — BR-AGL-05-00015
Mariana Aydar: voz
Bruno Buarque: bateria e percussão
Maurício Tagliari: violão
Quincas Moreira: baixo
Mário Manga: guitarra slide
Gustavo Lenza: efeitos dub

02 Vendedor de Bananas

Jorge Benjor
Musisom (Arlequim)
BR-AGL-05-00016
Mariana Aydar: voz
Maurício Tagliari: beats e violão
Quincas Moreira: baixo acústico

03 Vatapá

Dorival Caymmi
Mangione, Filhos & Cia.
BR-AGL-05-00017
Mariana Aydar: voz
Bruno Buarque: percussão
Quincas Moreira: baixo
Maurício Tagliari: guitarras

04 Feira de Mangaio

Sivuca/Glorinha Gadelha
BMG – BR-AGL-05-00018
Mariana Aydar: voz
Bruno Buarque: percussão
Maurício Tagliari: guitarra
Quincas Moreira: baixo

05   Menino das Laranjas

Theo de Barros
Serasta (Fermata)
BR-AGL-05-00019
Mariana Aydar: voz
Douglas Lora: violão
Alexandre Lora: bateria
Daniel Amorim: baixo
Bruno Buarque: percussão
Mário Manga: sanfona e piano

06   Jurubeba

Gilberto Gil
Gegê — BR-AGL-05-00020
Mariana Aydar: voz
Maurício Tagliari: beats e violão
Quincas Moreira: baixo
Mário Manga: bandolim

07   Banana Bacana

Maurício Tagliari
Alternetmusic
BR-AGL-05-00021
Mariana Aydar: voz
Maurício Tagliari: programação, samples e percussão
Mário Manga: cello
Quincas Moreira: baixo acústico

Produção: Maurício Tagliari, exceto a faixa "Menino das Laranjas", produzida por André Magalhães • A & R: Maurício Tagliari • Direção técnica: Carlos "Cacá" Lima • Label manager: Chico Urbanus • Gravação: Gustavo Lenza, no YB Studios (São Paulo), exceto a faixa "Menino das Laranjas" gravada no Estúdio Zabumba (São Paulo) • Mixagem e masterização: Carlos "Cacá" Lima, no YB Studios

Amigos Bons

(Júnio Barreto / Bactéria / Otto) - Trama

Am
Ontem acordei de susto
Do o ronco da minha barriga com fome
Dm
Bem quando sonhava
                Am
Que estava jantando com alguns amigos bons

Am
Salada e camurim
Cajuada aromática
Dm   **E7**   **Am**
Jenipapada e alguns amigos bons

Am
Parti
     G7   **G#7**   **Am**
Do sono da fome e da imaginação do que importa
Girei
     G7   **G#7**   **Am**
Tentando encher o que não abriga mais nada
Voltei
     G7   **G#7**   **Am**
Deitei cabeça e que olho vou e vou girar
     D7
Fica tonto depois
     Dm   **G7**   **C**   **F**   **E7**
Cai durmi volta sentir dormi dormi dormi dormi dormi

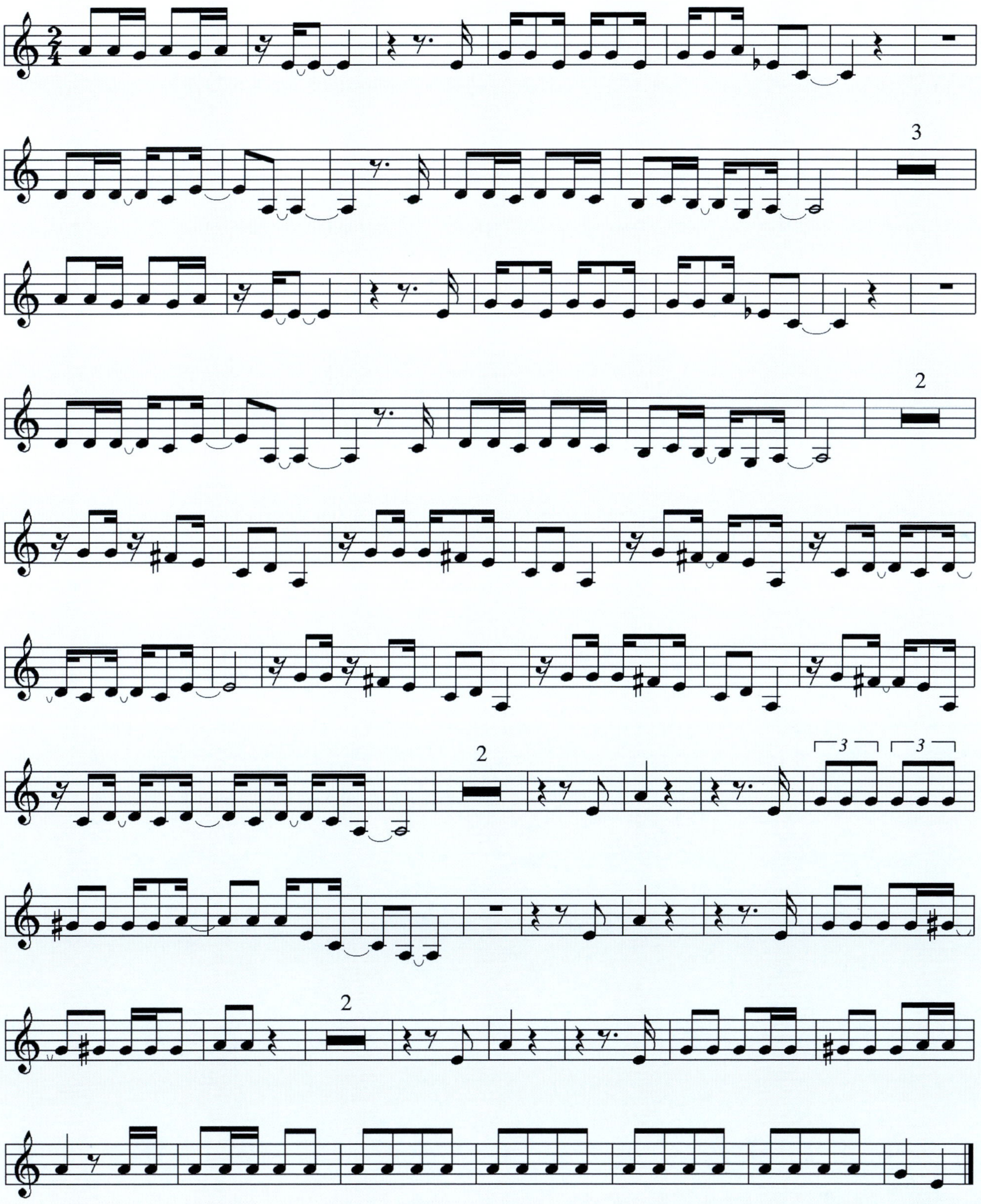
3
2
2
3
3
2

Vendedor de Banana

(Jorge Benjor) - Mussisom (Arlequim)

D7
Olha a banana
Olha o bananeiro

G7   **D7**
Eu trago banana pra vender
G7
Bananas de todas as qualidades
              D7
Quem vai querer

Olha a banana nanica
Olha a banana maçã
Olha a banana ouro
Olha a banana prata
Olha a banana da terra
Figo, são tomé
Olha a banana prata

G7
Eu sou um menino
                      D7
Que precisa de dinheiro
              G7
Mas pra ganhar
De sol a sol

                              D7
Eu tenho que ser bananeiro

                      G7
Pois eu gosto muito
                              D7
De andar sempre na moda
                              G7
Pro meu amor puro e belo
                                              D7
Eu gosto de contar a minhas prosas

Olha a banana
Olha o bananeiro

G7   **D7**
O mundo É bom comigo até demais
G7
Pois vendendo bananas

                                      D7
Eu também faço o meu cartaz
                              G7
Pois ninguém diz pra mim
                                      D7
Que eu sou um pária no mundo
                              G7
Ninguém diz pra mim
                              D7
Vai trabalhar vagabundo
Mãe, eu vendo bananas, mãe

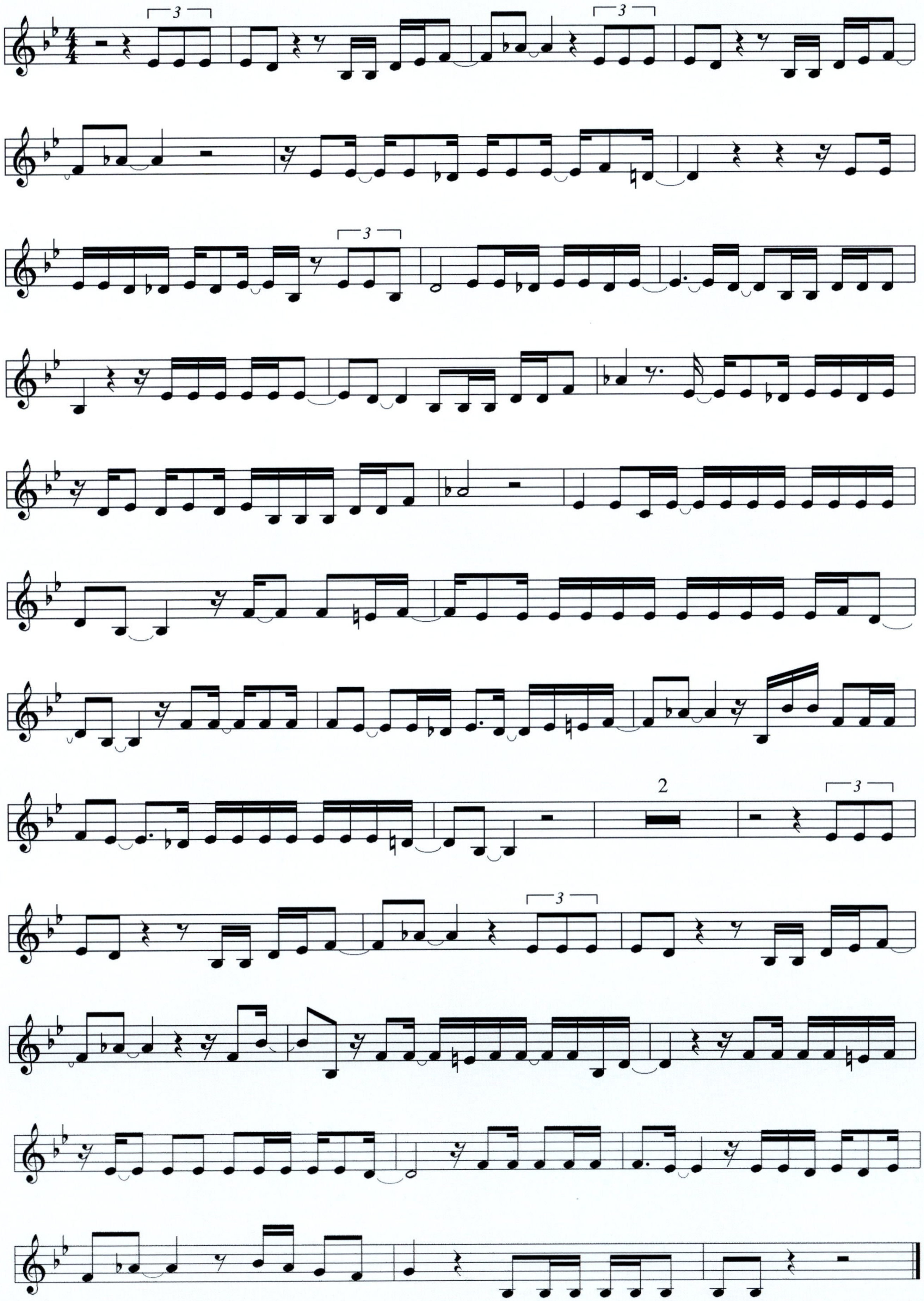

Vatapá

(Dorival Caymmi) - Mangione, Filhos & Cia

A	Bm7

Quem quiser vatapá, oi
E7	A

Que procure fazer
F#7	Bm7

Primeiro o fubá
E7	A

Depois o dendê

F#7	Bm

Procure uma nega, baiana, ôi
E7	A

Que saiba mexer
F#7	Bm

Que saiba mexer
E7	A

Que saiba mexer

Bm	

Bota a castanha de cajú
E7	A

Um bocadinho mais
F#7	Bm

Pimenta malagueta
E7	A

Um bocadinho mais

D	D#0	C#m7	F#7

Amendoim, camarão, rala o coco
Bm7	E7	A	A7

Na hora de temperar
D	D#0	C#m	F#7

Sal e gengibre cebola iaia
Bm7	E7	A

Na hora de machucar

F#7	Bm

Não pára de mexer
E7	A

que é pra não embolar
F#7	Bm7

Panela no fogo
E7	A

Não deixa queimar

F#7	Bm7

Com qualquer 10 mil réis
E7	

E uma nêga, ô
A	

Se faz um vatapá
F#7	Bm

Se faz um vatapá
E7	A

Que bom vatapá

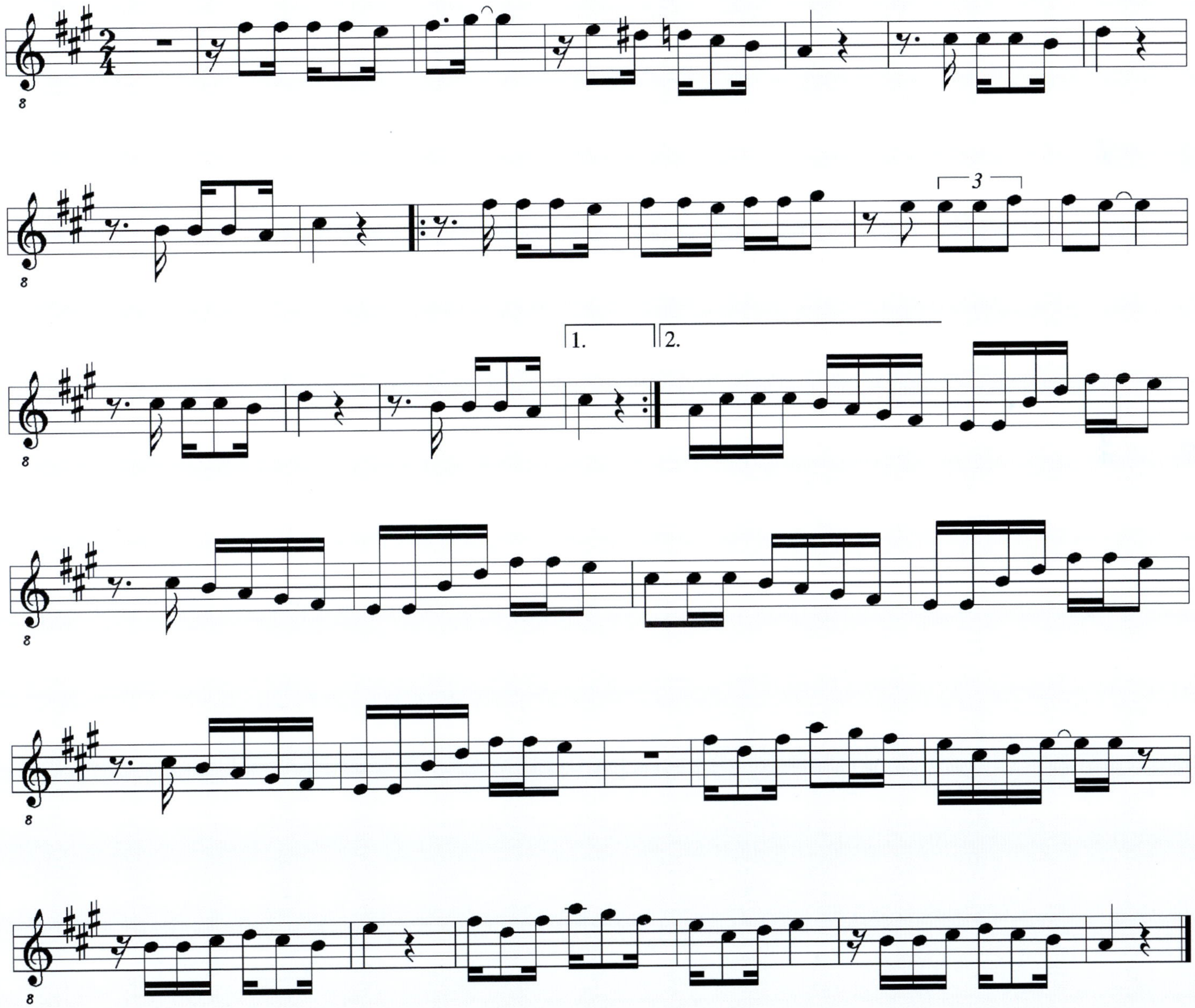

1.
2.

Feira de Mangaio

(Sivuca/ Glorinha Gadelha) - BMG

Am
Fumo de rolo
Dm
Arreio de cangalha
E7   **Am**
Eu tenho pra vender quem quer comprar
Dm
Bolo de milho broa e cocada
E7   **Am**
Eu tenho pra vender quem quer comprar

Dm
Pé-de-moleque alecrim canela
E7   **Am**
Moleque sai daqui me deixa trabalhar
Dm
E Zé saiu correndo pra feira dos pássaros
E7   **Am**
E foi pássaros voando pra todo o lugar

A7   **Dm**
Tinha uma vendinha no canto da rua
G7   **C**
Onde o mangaeiro ia se animar
F   **Bm7/5-**
Tomar uma bicada com angú assado
E7   **Am**
E olhar pra Maria do Juá

Dm
Cabresto de cavalo e rabichola

E7   **Am**
Eu tenho pra vender quem quer comprar
Dm
Farinha rapadura e graviola
E7   **Am**
Eu tenho pra vender quem quer comprar

Pavio de candieiro
Dm
Panela de barro
E7
Menino eu vou me embora
Am
Tenho que voltar

Xaxar o meu roçado
Dm
Que nem boi de carro
E7
Alpargatas de arraço
Am
Não quer me levar

A7   **Dm**
Tem um sanfoneiro no canto da rua
G7   **C**
Fazendo um floreio pra a gente dançar
F   **Bm7/5-**
Tem zefa de cursina fazendo renda
E7   **Am**
E o ronco do fole sem parar

(153)

Menino das Laranjas

(Theo Barros) - Serasta (Fermata)

    D79
Menino que vai pra feira
            Am7   Am7
Vender sua laranja até se acabar
   Am7   D7
Filho de mãe solteira
   Am7   D7
Cuja ignorância tem que sustentar
    D7   G7   C7+   C7
É madrugada vai sentindo frio
   B7   E7   Am7   Am7
Porque se o cesto não voltar vazio

       Dm7   G7   C7+
A mãe já arranja um outro pra laranja
     F7   E7   Am
e esse filho vai ter que apanhar

      Bm7 E7
Compra laranja menino
Bm7 E7   Bm7 E7   Bm7 E7
Bm7 E7   Bm7 E7
E vai pra feira
Bm7 E7   Dm7   G7   Bm
É madrugada vai sentindo frio
    Dm7   G7   Bm
Porque se o cesto não voltar vazio
   Dm7   G7   Bm
A mãe já arranja um outro pra laranja
        C7   Bm
e esse filho vai ter que apanhar

    E7
Compra laranja, laranja, laranja, doutor
Ainda dou uma de quebra pro senhor
  G7   C7   F7+
Lá no morro a gente acorda cedo
e só trabalhar
        E7   Bb7   Eb7+
Comida é pouca e muita a roupa que a cidade
manda pra lavar
      Ebm7   Ab7   Db7+
De madrugada ele menino acorda cedo
tentando encontrar
          Dm7
Um pouco pra poder viver
   G7   C#m7
até crescer e a vida melhorar
 Bm7   E7   E7
Compra laranja doutor
 Bm7   E7
Ainda dou uma de quebra pro senhor

   E7
Compra laranja, laranja, laranja, doutor
Ainda dou uma de quebra pro senhor
G7   C7   F7+
Lá no morro a gente acorda cedo
e é só trabalhar
Bm7   E7
Ainda dou uma de quebra pro senhor
Bm7   E7   E7
Compra laranja doutor
Bm7   E7
Que eu dou uma de quebra pro senhor
Seu doutor
Compra laranja doutor
Seu doutor

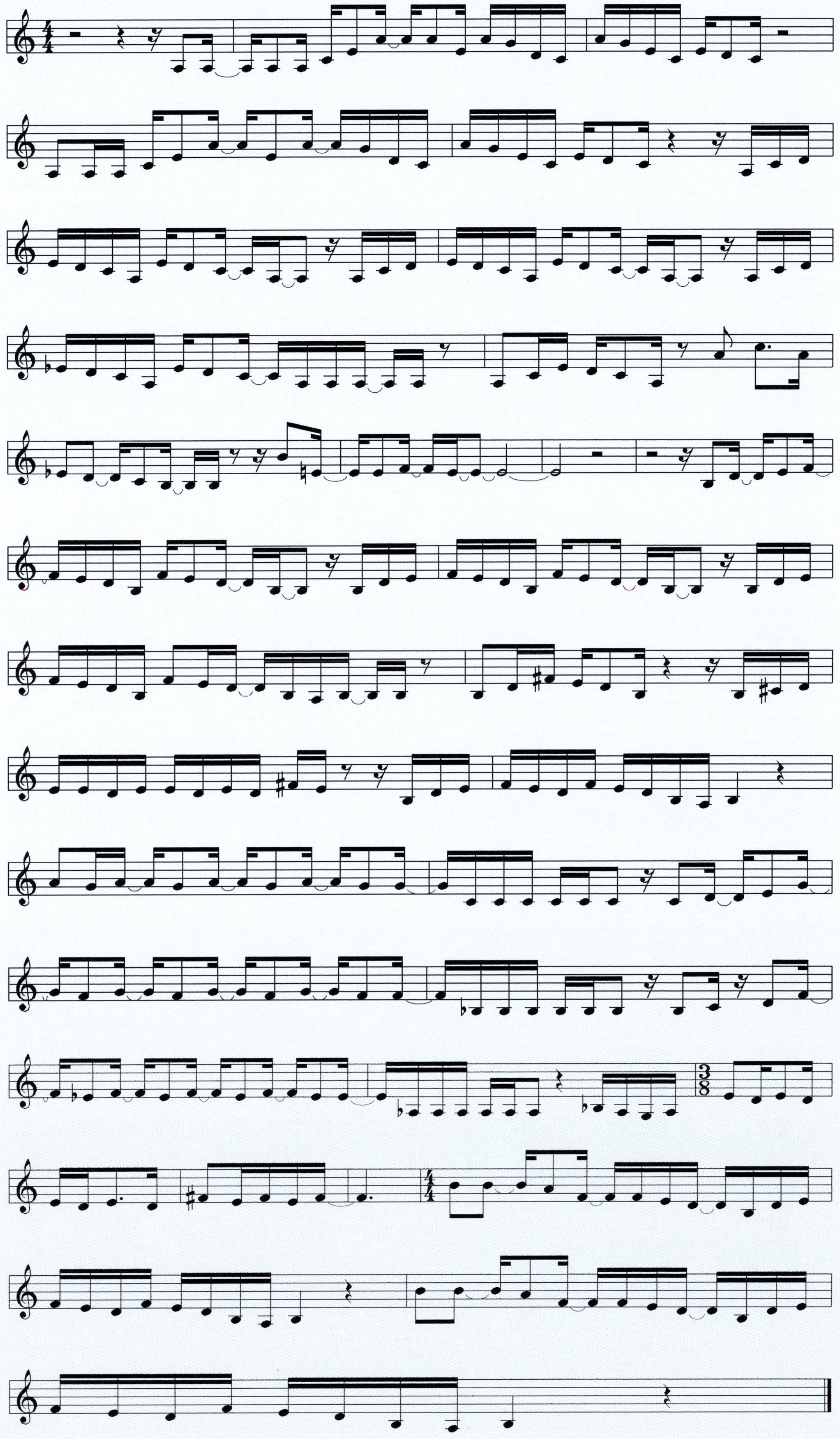

Jurubeba

(Gilberto Gil) - Gegê

B7
Juru Juru Juru Juru Juru Jurubeba
Beba Beba Beba Beba Beba Beba juru
Juru Juru Juru Juru Juru Jurubeba
Beba Beba Beba Beba Beba Beba juru

F#7   E7
Licor, Licor, Licor, Licor, Licor de jurubeba
Beba chá de juru, beba chá de jurubeba
B7
Toda bicharada viva pé de jurubeba

F#7   E7
Canta passarada linda flor de jurubeba
Quem procura   acha a cura flor de jurubeba
B7
Quem procura   acha linda a flor de jurubeba

Tudo que é de bom pro figueredo e que se beba
Feito vinho feito chá
Em licor ou em fusão
Jurubeba Jurubeba planta nobre do sertão

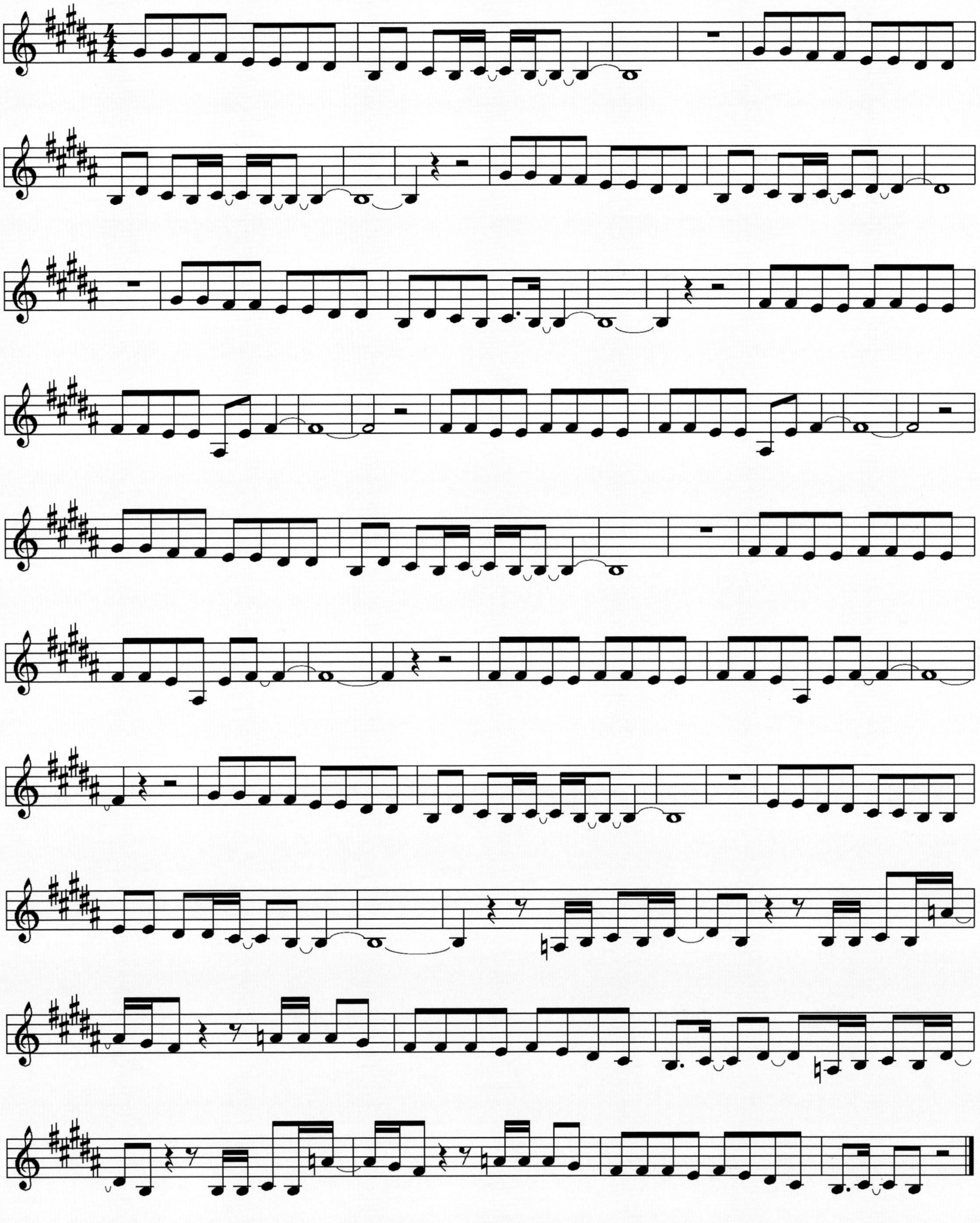

Banana Bacana

(Maurício Tagliari) - Alternetmusic

```
  A                        A/G
De baixo do cacho da bananeira do tacho
  D
Um tacho de doce
    Dm
Num cambalacho acabou-se
  A
Diacho de vida
    A/G
A bananeira é africana
    D          Dm
O doce da cana se misturou na banana

    D   Dm
Cana banana água
  A
Inhame me ame Miami inhame me ame

   A
A cana é cubana
            A/G
Guaira guantanamera
   D
O fogo é de lenha
                Dm
E a puta é bem brasileira

            A
Do mangue do morro
    A/G
Da praia periferia
    D                Am
Da quitinete Pompéia Copacabana
```

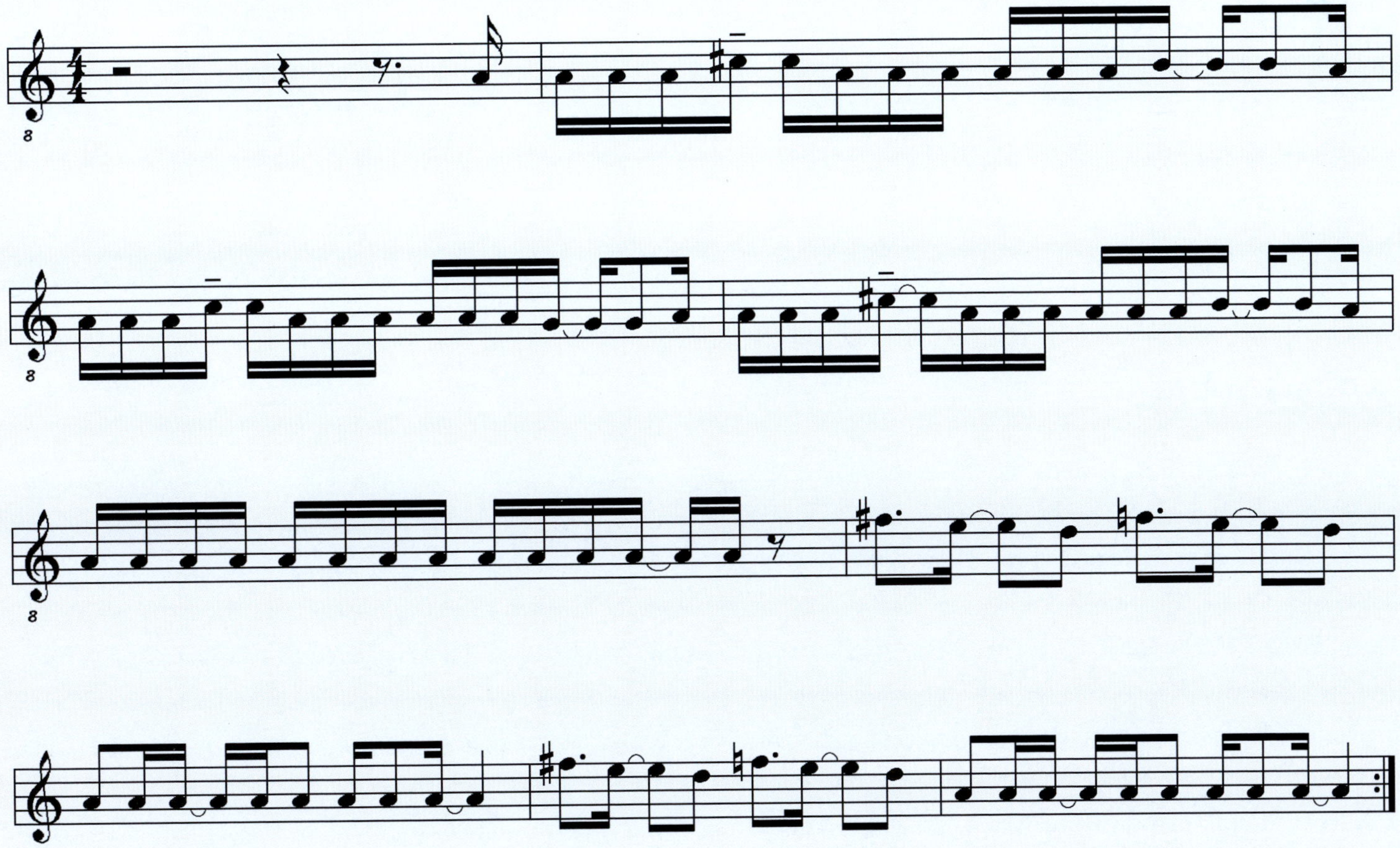

Agradecimentos

A Deus, por ter me enviado em uma jornada tão maravilhosa junto com uma família feliz, família de sangue e família de alma! Aos meus Pais, ao meu irmão Marcel, aos meus avós queridos • Aos amigos, que vieram enriquecer minha vida em momentos diferentes. Estrela, Manhã, Sol, Marina, Gabu, Mel, Fábio, Naline, Aira, Renata, Celene, Fatima, Dora, Luck, Silvinha, Ana, Handolph, Ângela, Caloca, Sônia, Hugo, Rose, Baby, Isa, Nico, Martinha, Débora e Família, Ana, Celina, Simoninha, Patrick, Bil, Evandro, Mariana e Sara (com quem cresci ou conheci em Trancoso) • Key e Charles, lindos e queridos, Roberta, Paula e Margarida (com quem aprendi minha segunda língua, na Inglaterra) • Sophie, alma gêmea, Brandine, Emiliene, Paulo, Tandi, Aglay, Rosè, Marilú, chefs Guiu, Bucheret, Terriam (com quem convivi, aperfeiçoando minha profissão, na França) • Adrianas, minhas queridas sócias, amigas, irmãs e companheiras, meus grandes tesouros. Dado, Tininha, Alice, Tonico, Marcela, Roberto, Silvia, Estela, Flávio, Kim, Chorão, Juju, Fábio, Zé Renato, Isa, Flávia, André, Gil, Pituca, Wilma, Serginho, Alê, Edu, Méris, Eliane, Eduardo (que conheci, realizando minha paixão, em São Paulo) • Não poderia esquecer, Nêgo, Gisele, Cleusa, Maria, Lili, Dalva, Mili, Raquel, Fabiana, Gê, Yon, Maurício, Márcia, Cássia, Tuca, Bruno, Adriana, Edileuza,

Capim Santo, São Paulo, local onde as receitas foram elaboradas

Jurandir, Luiz, Mel, Claudias, Cris, Geni, Erlon, Ivonete, Vera, Antônio, Alvinha, Neide, Jandis, Joaquim, Flávia, Neide, Ricardo, Rose, Júnior, Chico, Elízio, Maurício, sr. Paulino, Edu, João, Silvinho, Karen (do Capim Santo, nome que já se integrou ao meu e virou sobrenome), e especialmente a Daniela, minha fiel escudeira, braço direito e esquerdo e amiga do coração • Finalmente André Boccato, meu amigo e editor; Camila Solla e Flavio Giannotti da Casa do Design, que cuidaram de todo o conceito visual; Karen e Airton Pacheco, que produziram os pratos, transformando minhas idéias em realidade, como se pudessem ler meus pensamentos; Emiliano Boccato, pelas lindas fotos; Rita Boccato, pelo apoio e carinho; Adriana, pela ajuda; Myriam Khalil, pelo cuidado, pela dedicação, na revisão das receitas e na tradução; Cris e Alexandra, pelo sabor histórico; Kiko Egydio, Maurício Tagliari da YB, que se apaixonou pelo projeto e produziu o CD; Mariana Aydar, amiga, companheira, cantora linda e especial que temperou, com ritmos, as minhas receitas (que adotaram meu sonho e me ajudaram a transformá-lo em realidade). **O livro Brasil, ritmos e receitas é, então, a concretização de um trabalho e a realização de um sonho, dividido com vocês todos, que resolveram adotá-lo.**

Para agendar aulas de culinária, workshops, palestras e lançamentos deste livro com a autora Morena Leite escreva para editora@boccato.com.br ou ligue (11) 3846-5141, diretamente com André Boccato.